章程 主编

妈妈这样说，
青春期的孩子
才愿意听

化学工业出版社

·北京·

本书将搭起父母与青春期孩子沟通的桥梁，帮助父母学会一种让孩子听话的神奇语言。书中通过一个个身边的家庭情景对话，使父母走进孩子内心的真实世界，切身体会到孩子内心的感受。教育心理学专家通过一系列实用有效的方法，帮助家长学习采用孩子乐于接受的表达方式，营造出和谐融洽的家庭氛围。采用书中的方式，家长将发现孩子变得不同寻常地愿意与父母配合，最终会引导青春期孩子成长为一个优秀的人。

本书适合青春期孩子的家长阅读使用。

图书在版编目（CIP）数据

妈妈这样说，青春期的孩子才愿意听/章程主编．
北京：化学工业出版社，2015.7（2024.5重印）
ISBN 978-7-122-23982-2

Ⅰ.①妈…　Ⅱ.①章…　Ⅲ.①青春期-家庭教育
Ⅳ.①G78

中国版本图书馆 CIP 数据核字（2015）第 101971 号

责任编辑：陈燕杰　　　　　　装帧设计：尹琳琳
责任校对：吴　静

出版发行：化学工业出版社（北京市东城区青年湖南街 13 号　邮政编码 100011）
印　　装：三河市延风印装有限公司
710mm×1000mm　1/16　印张 15　字数 205 千字　2024 年 5 月北京第 1 版第 12 次印刷

购书咨询：010-64518888　　　　　　售后服务：010-64518899
网　　址：http://www.cip.com.cn
凡购买本书，如有缺损质量问题，本社销售中心负责调换。

定　　价：32.80 元　　　　　　　　　　　　　　　　版权所有　违者必究

编写人员名单

主　　编　章　程

编写人员　徐玉娟　张　磊　边惠椒

　　　　　　李迎兵　崔广玉　蒋晋泉

　　　　　　蒋海娣　章亚玲　章剑锋

　　　　　　赵菊珍　李书城　杨建新

　　　　　　杨建群　汪斯华　常　虹

　　　　　　缪　艺　章　程

前言

青春期是每个孩子迈向成人的重要的过渡阶段，他们的心灵、情感、梦想在这一阶段开始萌发。然而，在家长欣喜孩子"长大"的同时，家庭教育的烦恼也好像一夜之间从天而降！越来越多的家长觉得跟孩子说话是一件非常困难的事情，孩子总是一只耳朵进，一只耳朵出；有时候家长语重心长地跟孩子讲一件重要的事情，孩子却无动于衷；甚至父母还没开口，孩子就已经嫌父母烦了……

与青春期孩子的沟通，"父母说，孩子不听"成了摆在广大家长面前切切实实的问题！如何解决这个问题？钥匙就握在家长自己手里！家长应该积极学习沟通技巧，掌握一定的沟通方法，学会这种让孩子听话的神奇语言，让亲子沟通顺畅起来！

本书从以下九个方面，告诉家长如何与青春期的孩子沟通：

一、沟通中最根本的错
二、用爱打下沟通的基础
三、避免与孩子发生冲突
四、倾听有助于更好的沟通
五、多说孩子"爱听"的话
六、沟通的过程需要宽容
七、这样惩罚孩子最科学
八、"敏感问题"的沟通方式
九、特殊家庭更需要沟通

每一位父母都希望与青春期的孩子进行有效的沟通，本书抓住家长与青春期孩子沟通的九个关键点娓娓而谈。每个小节中都分"情景模拟"和"智慧点拨"两个板块，用案例与家教策略相结合的方法，道出家长与青春期孩子沟通的原则及技巧，帮助家长更好地理解青春期孩子的所思所想，搭建起与孩子沟通的桥梁，让家长与孩子的交流变得更简单、更有效，从而促进青春期孩子的健康成长！

章 程

2015 年 4 月

目录

一、沟通中最根本的错 /001

"以前和儿子沟通很容易,但现在他16岁了,我很难知道他到底在想什么。他总是把自己关在屋里,从不和我们主动交谈。"一位母亲说。

"以前不管我说什么,女儿总是兴致勃勃的,很想听。现在她15岁了,觉得我不可能理解她,和我谈话没有三分钟就走了。"另一位母亲说。

在与青春期孩子沟通的时候,很多家长可能会和上面两位母亲有同感,觉得和孩子你一言我一语,就像双向车道上对开的两辆车那样有来有往,可是,那"擦肩而过"的三两句话,根本不能走进孩子的心灵。与孩子沟通怎么就那么难?会不会是家长不经意间,犯了一些在沟通方面最根本的错?

1. 喋喋不休:过犹不及的沟通 /002
2. 期望值过高:没有结果的沟通 /005
3. 真假讨论:敷衍的沟通 /009
4. 揭旧伤疤:把孩子越推越远的沟通 /013
5. 怀疑孩子:对立监视般的沟通 /017
6. 过于迁就孩子:让孩子"永不满足"的沟通 /020
7. 以学习为借口:搪塞孩子的沟通 /023
8. 盘问加威胁:令孩子逆反的沟通 /026
9. 不打不成器:无效的沟通 /029

二、用爱打下沟通的基础 /033

青春期是人生旅途中一个非常美妙、奇异、灿烂的时期,进入青春期的孩子正欣喜地体验着自我意识的觉醒，体验着成长的喜悦，成人心态在他们内心正迅速膨胀。这个时候，家长除了要关注孩子有没有吃饱、有没有穿暖、成绩有没有下滑外，还要关注他们在成长过程中心理上的微妙变化，并顺着孩子的这些微妙变化而适时地改变自己说话做事的风格，调整"以往的教育方式"，为青春期的沟通打下良好的基础。

❶ 不要因为工作将孩子遗忘　1034
❷ 从孩子的角度想问题　1037
❸ 引导孩子参与聊天　1040
❹ 用温和的态度对待孩子　1044
❺ 把"下命令"变成"提建议"　1047
❻ 父母应适当反省自己的言行　1050
❼ 了解孩子的另类语言　1053

三、避免与孩子发生冲突　1055

有人把青春期喻为人生中的"急风暴雨"期，叛逆、倔强、不服管的少男少女和父母的冲突一触即发，而每一次的冲突无疑会将孩子与父母的距离越拉越远。有些孩子在冲突过后甚至会夺门而出，去网吧、去迪厅，甚至彻夜不归……如何避免与孩子发生冲突成为父母在与青春期孩子相处时的必修课。

❶ 冷静地对待孩子的气话　1056
❷ 避免使用易产生冲突的字眼　1059
❸ 变"对抗"为"对话"　1062
❹ 别总拿孩子与别人比　1064
❺ 表达对孩子的同情　1067
❻ 当孩子埋怨时要多忍耐　1070
❼ 释放孩子的委屈情绪　1073
❽ 帮助孩子排解烦恼　1078
❾ 敏锐地观察孩子的情绪变化　1083

四、倾听有助于更好的沟通 /1087

愿意积极倾听的父母脸上会表现出慈爱，孩子会对这样的父母产生亲密的感觉，因而也会对父母做出类似的反应。因为父母肯倾听孩子的心声，孩子当然也愿意聆听父母的看法。积极的倾听，可以帮助父母在孩子敏感的成长阶段进行更好的沟通。

1. 倾听是和孩子有效沟通的前提 /1088
2. 主动向孩子倾诉感受 /1093
3. 重述孩子的感受让孩子乐意侃侃而谈 /1096
4. 注意孩子的体态语言 /1099
5. 读懂孩子的眼神 /1103
6. 听懂孩子的"弦外之音" /1107
7. 把话语权还给孩子 /1110
8. 成为孩子的倾诉对象 /1114

五、多说孩子"爱听"的话 /1117

心理学家说"人最本质的需要是渴望被肯定"，青春期的孩子同样喜欢听"好听"的话，如果父母说得有技巧，那么它会比批评、打骂都更容易达到预期的效果。可是，青春期的孩子已经不是思维简单的小朋友了，诸如"你真行"、"你真棒"、"妈妈相信你是最好的"，这些针对性不强、不够具体的"好话"，已经满足不了孩子，所以，对青春期的孩子说他们"爱听"的话，也是要讲究方法的。

1. 赏识的言语让孩子乐意与父母沟通 /1118
2. 真实、具体的肯定最有效 /1121
3. 用肯定和赏识替代否定和贬斥 /1124
4. 别让孩子走向自负的极端 /1127
5. 学会向孩子道歉 /1131
6. 给批评留一点位置 /1135

六、沟通的过程需要宽容 /139

孩子在每个成长阶段，都需要父母的安慰、鼓励、理解和支持。当初他离开母乳，离开婴儿车，可以独立地进食，独立地行走，独立地用语言表达时，世界第一次向他展开了广阔的空间，而青春期带给孩子的是另一个全新的世界！走进这个世界的孩子，已经有力量去自我蜕变，而父母最需要做的就是在一旁注视着他，当他犯错的时候，微笑着欢迎他回家；当他受伤的时候，给他吹吹伤口，擦点药。

❶ 原谅"顶嘴"的孩子 /140
❷ 正确对待隐瞒错误的孩子 /143
❸ 别总是追究孩子的错误 /146
❹ 用温和的态度对待做错事的孩子 /149
❺ 用谅解感化孩子 /152
❻ 不妨幽他一默 /155
❼ 善待失败的孩子 /157

七、这样惩罚孩子最科学 /161

从父母的角度来说，惩罚主要是为了孩子好，但是，几乎所有父母都不愿意看到孩子因为自己的惩罚而变得情绪低落，没有自信心、自尊心；或者整天小心翼翼，像行走在雷区一样，生怕走错了一点而踏响地雷；更不愿看到孩子因自己的惩罚而产生"抗药性"，觉得一切都无所谓，批评、不批评一个样……由于青春期的孩子不成熟的心理，他们很可能会因为父母"为了孩子好"的惩罚，变成这副模样。所以，请不要任意惩罚孩子，而是努力去寻找科学、正确的惩罚孩子的方法。

❶ 父母关于惩罚的观点要一致 /162
❷ 孩子应该受到怎样的惩罚 /165
❸ 规矩要严格，但是要公平 /169
❹ 让孩子品尝一下"苦果" /173
❺ 发怒三步骤 /177

6. 让孩子学会自我反省 /181

7. 监督比惩罚更重要 /184

八、"敏感问题"的沟通方式 /187

有人说青春期是"多事期"：早恋，网瘾，厌学，性困惑……面对青春期的这些敏感问题，有的父母束手无策，有的父母伤心失落。青春期是人生的必经期，谁也不能逾越它，谁也不能逃避它。面对孩子身上出现的各种各样的棘手问题，家长要和孩子进行和谐的亲子沟通，给出切实的指导和建议。

1. 如何帮助网络成瘾的孩子 /188

2. 正视孩子逃学的行为 /192

3. 正确对待孩子的早恋问题 /194

4. 别让孩子跨过爱的禁区 /199

5. 引导孩子正确对待性成熟 /201

6. 让孩子远离赌博场所 /205

7. 警惕"黄毒"害了孩子 /209

九、特殊家庭更需要沟通 /213

单亲家庭的孩子；离异家庭的孩子；长期住校或寄养别处，与父母缺乏沟通的孩子……对于这些特殊家庭的孩子，时间不会因为他们坎坷的经历而停下脚步。这些孩子更需要亲人的悉心关怀，更需要理解与支持。

1. 如何与孩子谈离婚 /214

2. 单亲家庭的孩子更需要沟通 /217

3. 当更年期"撞上"青春期 /221

4. 寄宿、寄养不能让爱止步 /225

一、沟通中最根本的错

"以前和儿子沟通很容易，但现在他16岁了，我很难知道他到底在想什么。他总是把自己关在屋里，从不和我们主动交谈。"一位母亲说。

"以前不管我说什么，女儿总是兴致勃勃的，很想听。现在她15岁了，觉得我不可能理解她，和我谈话没有三分钟就走了。"另一位母亲说。

在与青春期孩子沟通的时候，很多家长可能会和上面两位母亲有同感，觉得和孩子你一言我一语，就像双向车道上对开的两辆车那样有来有往，可是，那"擦肩而过"的三两句话，根本不能走进孩子的心灵。与孩子沟通怎么就那么难？会不会是家长不经意间，犯了一些在沟通方面最根本的错？

妈妈这样说，青春期的孩子才愿意听

1. 喋喋不休：过犹不及的沟通

 情景模拟

妈妈："别看电视了，快去写作业！"

孩子："哦。"

（三分钟过后）

妈妈："怎么还在看，不是跟你说了，快去写作业！"

孩子："马上，马上。"

（又过了三分钟）

妈妈："你到底怎么回事儿！我告诉你啊，作业写不完，睡觉时间就得晚，明天早上你又会起不来……"

孩子："再看五分钟。"

（五分钟后）

妈妈："快点儿，不许看了，看电视这功夫都写多少道题了……人家的孩子都是一回家先写作业，你看你……"

孩子："哎呀，妈，别唠叨了，烦不烦啊！"（说完扔下遥控器，撅着嘴进了房间）

 智慧点拨

英国教育专家海曼说，如果把活泼好动的儿童比作狗，那么躁动不安的青春期孩子就像猫。

"你给小狗喂食，训练它，支使它。小狗把头埋在你膝间，像对着伦勃朗肖像画似的凝视着你。受到主人呼唤时，小狗就满怀热情地蹦跳进门。可是，当他们到了青春期时，那只讨人喜欢的小狗一下子变成一只老猫。"海曼这般描述，"先前一直管用的教育手段现在却失了效：叫他往东，他偏要往西；叫他坐下，他非得跳上桌。"

面对"老猫"一样的青春期孩子，经常有父母抱怨说："我家孩子老是不听话，真让人操心，一件事情要说好几遍才听得进去。"还有的家长说："不管你说多少遍，他都不会理会，跟没听见似的。"

究竟是孩子不听话，还是另有原因呢？曾经有一项调查，问青春期的孩子对妈妈最大的希望是什么？结果74%的孩子都说："我希望妈妈不要太唠叨。"面对这样的回答，家长在抱怨孩子不听话的时候，有没有意识到自己喋喋不休地一遍遍唠叨也存在着一些问题呢？

喋喋不休的唠叨是一种过犹不及的沟通方式，青春期的孩子有一定的逆反心理，老调重弹，一遍遍、反反复复地述说同样的话题，引起的后果要么是孩子甩门离开，要么是让孩子产生一种"习惯性的模糊听觉"——就是看着孩子在听，其实根本就没往心里去。无论是哪种情况，父母都会烦恼不已。其实，掌握了一定的沟通技巧，有时候轻轻几句话就能把事情解决了，不用急也不用躁，更不用吼，家长可以借鉴以下几种方法：

★ 提前约定

凡是要一遍遍唠叨的事情，比如吃饭、起床等，家长可以和孩子进行事先的约定，可以这样说："孩子，妈妈从下次开始再叫你吃饭，请你在10分钟之内结束手头的事情来到饭桌前，我再也不会一遍遍喊了。"一旦约定好之后，就一定要坚决地执行，如果孩子没有在10分钟之内来吃饭，那么其他人可以先开饭，家长一定要狠下心，孩子少吃一顿两顿没有关系。

★ 不要信口开河

比如说，规定孩子做好作业再开饭，但有的父母话虽讲出去了，可心里又怕孩子肚子饿，就没事找事地说："你饿不饿？""饭都凉了，我们还是先吃饭吧？"诸如此类自相矛盾的话，反映了家长自己感情上的软弱，说话不算数，没有威望。克服唠叨，首先要在对孩子讲话前经过一番理智过滤，不能信口开河。

★ 不要强行命令，多和孩子讲悄悄话

家庭语言的低声调是亲子关系和谐的一个重要因素，也有利于避免气氛恶化。如果让孩子做什么事，可以用亲切的语言在他的身边轻轻地告诉他，尤其对青春期的孩子，悄悄一句话比家长大声喝斥的作用大得多。

★ 满足孩子的心理需要

满足孩子的心理需要，白话一点来说，就是要把话说到孩子的心坎上。只要话说到了点子上，不用家长多唠叨，孩子会立即站起来，朝着家长指着的方向走。比如说，青春期的女儿正在发胖，当女儿正在犹豫着要不要吃冰激凌的时候，妈妈说："都胖成这样了，还吃，你就没有点意志力？你说你一个女孩子……"唠叨又开始了。这一唠叨孩子会更烦，本来还有点犹豫，这下子反而豁出去了："我就吃！"

其实，智慧的妈妈只要满足孩子的心理需要就好了，可以这样说："女儿啊，你胖也好，瘦也好，妈妈都喜欢，你永远是妈妈的最爱，只不过我会很担心你的健康。"这时候女儿也许会说："哦，那算了，我还是不吃吧！"这位妈妈的话满足了孩子的心理需要，轻松地解决了问题。

★ 不要事事叮嘱

可以说，家长对孩子讲的话虽然多，但许多都是"无用功"。事无巨细，都反复强调叮嘱搞得家庭上下不得安宁，大人为孩子不听话而气愤，孩子在繁杂的语言环境里定不下心来做功课，结果会适得其反。所以，家长一定要分清事情的巨细，不要事事叮嘱，一些无关痛痒的事情少说一句是一句，因为青春期孩子相当不喜欢有人"管头管脚"。

期望值过高：没有结果的沟通

情景模拟

妈妈："今天考试一定要好好考。"

孩子："嗯。"

妈妈："一定要给妈妈争气，只有学习成绩好，将来才能出人头地。"

孩子："嗯。"

妈妈："唉，妈妈是没有赶上你这个好时候啊，那时候家里没有钱，我都已经考上了，但是上不起……"

孩子："这件事从小到大你都说了好多遍了。"

妈妈："我所有的希望都在你身上了，你可不能给妈妈抹黑……上次考了第五名，这次一定要进前三。"

孩子："我不知道自己有没有那个能力……"

妈妈："还没考呢就说这种丧气话，一点志气都没有。"

孩子：……（孩子深深地低下了头，不再说话。）

智慧点拨

有人说，青春期就是转折期，这也是有一定道理的，因为青春期的孩子面临着中考、高考这些决定人生方向的转折路口，也正在融入日益复杂的社会环境，面对越来越多的家庭问题与多变的社会人际关系，青春期孩子承受的压力也在逐渐变大。

而正是在青春期这样一个特殊的时期，父母们对孩子美好未来的期待也越来越溢于言表，他们希望自己的孩子能够出人头地、出类拔萃，因此有些父母千方百计、煞费苦心地为孩子创造条件。他们不问孩子的

兴趣，而是一味地以自己认定的模式去塑造孩子，强迫孩子不许失败，只许成功，带给孩子很大的成长压力。然而，这些父母并未意识到过高的期望不仅会给孩子平添极大的痛苦，同时也会给他们自己带来了没必要的烦恼。

晓晓是个很听话的女孩，对于父母对她的期待，她在日记里这样写道。

我的爸爸妈妈对我期望很高，这让我十分苦恼。

小的时候，爸爸把我送进了重点小学，凭借一点儿聪明才智，我每次考试都能高居榜首。之后，我考上了师大二附中的尖子班，在这个高手云集的地方，我的心理压力逐渐增加，考试成绩不再像小学时那么如意了，我开始尝到失败的滋味。这个时候，我是多么希望能够得到爸爸妈妈的理解呀！

有一次考试后，我神情沮丧地回到了家。一到家，爸爸满脸洋溢着希望，焦急地追问我："考得如何？"

我深知爸爸希望得到的是我充满自豪的回答，但我今天却给不了他。我心中深深地自责起来，我告诉妈妈我考得不好。妈妈原来阳光灿烂的脸一下子堆满了乌云，只低低地应了一声："考得不好，下次再努力吧。"接着便回厨房去了。

我忽然感到非常委屈，也十分伤心。爸爸嘴上虽没责怪我，但我知道他心里对我是极为不满意的。我发誓：下次一定要考好。这样才能对得起爸爸。

很快又一次考试来到了，对我而言，就好像世界末日降临一般。

爸爸一遍一遍地对我说："你要考不好，同学就会看不起你，老师也会看不起你，你周围的一切人都会看不起你……"

就这样，我的压力更大了，对考试产生了恐惧感。眼中看到的只是考分，我的一切都是为了考分，我好像只是为了考分而活着。

有时候我真想离家出走，我讨厌自己成为一个为了考分而存在的女孩儿，但我没有勇气，我走了爸爸妈妈该多伤心，可是我真得快受不了了……

父母们望子成龙、望女成凤的心情是可以理解的，可是，具体的教育措施与动机是两回事。父母们要做的，是把自己虚幻的、不切实际的期望值降低，对孩子提出适当的要求，考虑孩子本身的特点和能力，不能主观地以高标准来要求孩子，因为高标准会给孩子带来的巨大心理压力，会造成孩子的焦虑与挫折感，甚至泯灭他原有的潜能。同时，家长要设身处地地为孩子着想，站在孩子的角度来考虑孩子的内心感受，让孩子自己确定切合他们实际的目标，以此来衡量他们的行为。这样，合理的期望所带来的沟通才不会是无效的沟通。具体来说，家长可以这样做。

★ **设定合理的期望值**

人无完人，再优秀的人都会有不如别人的地方。对孩子的期望要适可而止，千万不要盲目地要求孩子如何优秀、如何完美。对孩子的期望值宜控制在他努力的能力范围内，既不宜高出他的能力太多，也不能低于他的能力。

★ **父母不要左右孩子，强迫孩子服从自己的意志**

每个人都有独立的人格，不管做什么事，父母要求孩子做的，应该先想一想自己是否能做到？不能要求孩子是一套，对待自己又是一套，这样的父母当然不可能得到孩子的尊重和信任，这种情况下孩子自然也不愿意与父母沟通。

一些父母为了自己的脸面，强迫孩子听从自己的意见，接受自己的意志，那样做，孩子当时也许服服帖帖地接受了，却会使孩子丧失可贵的自信。因此，父母应摒弃家长作风，认真听取孩子的意见，并真正地从孩子的角度去看待事物。

★ **保持期望的强烈性、持久性、一贯性**

期望应该是强烈的、持久的、一贯的，这表现在不论孩子是在获得成功的时候，还是遭受失败的时候家长都不改变对孩子的期望。家长要特别注意这一点，不要因为孩子的某一次考试特别好或者特别差，而动摇对孩子的期望，认为孩子拥有巨大的潜力或者认为孩子是"扶不起的

阿斗"。

★ **让孩子分阶段实现较高目标**

对于高难度的目标,父母可以视孩子的能力,分成几个阶段来逐步实现,对每个阶段目标的完成不妨给他一点阶段性的鼓励。相信这样分阶段实现目标,比一开始就制定高目标的做法更容易让孩子有成就感,也有利于孩子更好地去实现目标。

★ **父母要帮助孩子向更高的目标而努力**

目标是奋斗的方向,给孩子提出高要求也无可厚非。但是,父母不应该只管提要求,然后袖手旁观,让孩子独自一人去实现一个又一个的目标,要教给孩子更高效的学习方法和技巧,帮助孩子向更高的目标而努力。

3 真假讨论：敷衍的沟通

 情景模拟

妈妈："今天考试成绩出来了，我想我们需要讨论一下……"

孩子："妈，别，别，我知道你要说什么！"

妈妈："我还没说你怎么知道我要说什么？我来跟你讨论这件事！"

孩子："讨论什么呀讨论？我知道你要说什么！"

妈妈："孩子，我真的跟你讨论这件事，来，咱俩说说话。"

孩子："妈，我知道你要说什么，不就是我这次考试名次退后了吗，原来第六名，现在第十名了。我知道你要说什么，别讨论了！"

妈妈："不行，今天我们必须要好好谈谈！"

孩子："你看，你这是讨论的样子吗，你说的话我都得像执行命令！行，你说吧，赶紧，说完我还有事儿呢。"

 智慧点拨

随着孩子迈入青春期，很多家长发现自己的"命令"越来越不管用了，孩子们变得越来越有主意，甚至有时候还跟自己对着干！命令越来越不好使。虽然很多家长开始有意调整方式，学习如何跟孩子讨论了，可是很多时候效果甚微，为什么呢？

上面那段对话中，妈妈看上去是想要去跟孩子"讨论"一下名次退后的事情。其实这个妈妈是带着标准答案去的，这个标准答案就是——以往都是前六名，这次考了第十名，肯定不行！一定要和孩子谈一谈，必须回到前六名。妈妈带着这样的标准答案去和孩子交流，难怪孩子会反感拒绝。

什么是讨论？就是没有标准答案，需要经过探讨，得出一个双方都认可、都接受的方案，而这个妈妈自己已然有了标准答案，这种假讨论，这种敷衍式的沟通，孩子岂能看不出来？

青春期的孩子已经有了自己独立的思想，有了自己的价值观、人生观，遇到一些需要讨论的事情，家长一定要摆正心态、摆正自己的角色，然后才能与孩子进行良好的沟通。

★ 放弃高高在上的地位

要做到真正的讨论，家长必须放弃高高在上的地位。一旦家长是以"我是大人"，"我比他有经验"，"我比他懂得多"，"我吃的盐……我过的桥……"这种心态进行讨论，效果肯定不好。讨论需要在一个平等的状态下进行，真正地弯下腰和孩子说话，真正地去理解他。真正的讨论是家长跟孩子站在同一战壕里，双方是同一战壕里的战友，并肩而立，一起对付困难。可是有很多时候，父母跟孩子是对立而站的，结果双方你一枪我一炮地干了起来，于是原本是想很好地讨论一下的，但大部分时候都变成了互不相让的争吵；或者干脆连争吵也没有，弱势的孩子只是听父母在说，没有插嘴的份儿。

所以，家长首先一定要把自己位置摆正：父母和孩子是并肩站立的，一起来对付眼前的困难；双方的心态是一样的，考虑问题的出发点是一样的。

★ 放弃心里的标准答案

如果家长在讨论之前可以放弃原先的"标准答案"，也许和孩子之间的讨论会有另一个结果。还是以一开始的对话为例。

妈妈："孩子，今天考试成绩下来了，原来的前六名，怎么现在成了第十名了？我知道你心里一定也不舒服，其实妈妈心里也不舒服。孩子，咱先不管它第几名，告诉妈妈，你对这个名次是怎么看的？"

孩子："挺烦的。什么名次不名次的，老排名次，压力太大了，压得我喘不过气来，总是害怕自己落后，我都快得焦虑症了。但是，话说回来了，排一下名次也有好处，它会让我知道我在班里是一个什么样的位置。"

妈妈:"排名次既然有它积极的意义,那你分析一下自己的现状,经过一番努力能排第几是比较符合你的期望呢?"

孩子:"说实在的老妈,主要是这一段生病了耽误点事,其实我还是可以的。拿这次的第十名是比较轻松的。"

妈妈:"第十名已经很不错了!假如让你给自己定目标的话,也是第十名吗?伸手就能够得着不叫好目标,好的目标是要蹦起来才能够得着的。你想一下,不急着回答。"

孩子:"我原来还是有一定的底子的,第十名应该是没问题,要是蹦起来才能够得着,那就第七名吧。"

谈话到此为止,第七名才是最终标准答案,而先前妈妈心中的那个第六名就不是标准答案了。这才是一种真正的讨论,所以,家长要想和孩子有一种真正的沟通,就要放弃原来在自己心里的标准答案,认真地听听孩子的心声。

★ 不要替孩子做决定

家长对孩子有着很多希望,但这诸多希望是不是都能实现呢?未必!不能实现的原因有很多,其中有一条很重要,就是这些希望只是父母的希望,而不是孩子的希望,除非把这些希望变成是孩子自己的希望才有意义。运用到讨论这个过程来说,就是要努力让孩子来决定怎么样做,而不是家长来决定怎么做。决定权在家长这儿会有什么恶果呢?孩子必然是被迫地去执行,这样的执行就很可能不是自觉行动,孩子很可能会懒惰、会磨蹭,于是就出现了父母天天跟在孩子屁股后面追着、撵着、督促着的情况,结果使得双方的心情都极其糟糕,而且不是一两天的糟糕,这种糟糕的心情会影响亲子关系的发展。假如说这个决定是孩子自己说出来的,他的自觉性和主动性会好很多,甚至会超常发挥。

★ 原则性问题不用讨论

虽然说要尊重孩子,但并不是所有的问题都需要讨论。像一些原则性的问题就可以不予讨论,必须执行,比如:不经允许,不能够在外面

过夜;不可以去街边泡网吧……青春期的孩子自制力还不是很强,所以需要一些原则的约束,这些原则是父母可以来确立的,不需要多和孩子讨论,一定要坚决执行。尤其是一些与道德标准有关的事情,父母态度更要坚决一些。

4 揭旧伤疤：把孩子越推越远的沟通

 情景模拟

妈妈："放暑假了，整天只知道玩，就不能多看看书，多做做练习！"

孩子："才刚放暑假，你让我休息几天成吗？"

妈妈："休息？就你的成绩还想休息！刚刚过的期末考试竟然有一门不及格，去年还是倒数第10名！当初你是怎么跟我保证的？说期末考试一定能考好，结果呢！你看看！"

孩子沉默不语。

妈妈："像你这样上课注意力不集中，不专心听讲，又不求上进的人，怎么能取得好成绩？回房间去好好想想，别整天只知道玩。"

孩子："行行行，我最失败，我最没用，给您丢人了，我走还不成吗？"（"砰"一声关上了房门。）

 智慧点拨

家长总揭孩子的旧伤疤，这对于敏感的青春期孩子来说，极有可能会让孩子认为自己是个失败者，甚至完全放弃努力，与家长的关系越来越疏远。事实上，如果家长体谅一下孩子的心，和孩子好好沟通，关注孩子的每一个微小的进步，让孩子明白无论他的成绩如何，只要他努力了就好，孩子就会觉得家长是真关心他、理解他、鼓励他，从而信心十足地努力学习。

其实，不光在学习方面很多家长会不自觉地揭孩子的旧伤疤，很多父母只要孩子犯了一些小错误，就会把孩子以前犯过的错误统统拿出来批评一番。父母以为不断的批评可以使孩子加强记忆，促进孩子改正错

误,但结果却不会如他们所愿。

同时,有些父母喜欢在他人面前指出孩子的错误,希望别人也能批评孩子,证明自己的正确和孩子的错误,促进孩子改正错误。实际上,这样做只会伤害孩子的自尊心,尤其是青春期的孩子,他们"要面子",怕"伤自尊",父母这样做很容易使孩子增加对父母的仇恨,进而产生破罐子破摔的不良心理。

下面来看一看一位成功的妈妈是怎样通过交流来改变一个孩子的命运的。

有一个男孩,非常聪明,学习成绩也很好,只是因为后来结交了一些不好的朋友,所以学会了偷窃,甚至发展到偷抢超市,结果被拘留了。后来,尽管孩子获得了释放,但是,却被学校开除了。

所有的人,包括孩子的爸爸都放弃了这个孩子,妈妈伤心到了极点,但是,她没有放弃孩子,她相信自己有能力挽救孩子。

妈妈几乎跑遍了整个城市,才给孩子联系到一家愿意接收他的学校。可是,孩子却不愿去,他宁愿与他以前的朋友玩,宁愿和以前一样生活。

妈妈没有训斥孩子,也没有揭旧伤疤,说孩子以前的不是,而是给孩子出了下面一道题。

"有3个候选人,他们分别是:

A. 笃信巫医,有两个情妇,有多年的吸烟史;

B. 曾经两次被赶出办公室,每天中午才起床,每晚都要喝大约1公斤的白兰地,而且曾经有过吸食鸦片的记录;

C. 曾是国家的战斗英雄,一直保持素食习惯,热爱艺术,偶尔喝点酒,年轻时从未做过违法的事。"

妈妈的两个问题是:

"如果我告诉你,在这3个人中,有一位会成为众人敬仰的伟人,你认为会是谁?"

"猜想一下,这3个人将来各自会有什么样的命运?"

对于第一个问题,孩子选择了C。

对于第二个问题,孩子这样回答:A和B将来的命运肯定不妙,要么成为罪犯，要么也是个废物。而C一定会成为一个社会精英。

妈妈把答案给孩子看，孩子看后吃了一惊。

"孩子，你的答案是错的。你的结论只符合一般的判断，这3个人其实是二战时期的著名人物：A是富兰克林·罗斯福，他身残志坚，连任4届美国总统；B是英国历史上著名的首相温斯顿·丘吉尔；而C的名字是希特勒，一个嗜血如命，杀害无数无辜生命，最后不得善终的法西斯头子。"

孩子呆呆地看着妈妈，他简直不敢相信自己的耳朵。

妈妈摸着孩子的脸说："孩子，你的人生之路才刚刚开始，以往的过错只能代表过去，不能代表一个人的现在和将来。每个人都是不完美的，就算伟人也会有过错。从现在开始，忘记过去，努力做你想做的事情，你终会成为一个有作为的人。"

妈妈的话，改变了孩子的生活态度。他高高兴兴地去上学，并且认真学习，过去的事情好像从来没有发生过。后来，这个孩子成了华尔街最年轻的基金经理人，他说："是妈妈让我觉醒，给了我重新开始的自信。"

这位妈妈并没有像一般家长那样，总盯着孩子的过去，揭孩子的旧伤疤，而是让孩子明白：过去并不重要，无论你过去犯了多大的错误，你仍还有机会把握现在和将来。正是这种鼓励，让孩子重新找回了自信。

所以，在任何情况下，父母都不要让孩子当众出丑，特别是不能在别人的面前揭孩子的"伤疤"。英国教育学家洛克说过："父母不宣扬子女的过错，则子女对于自己的名誉就愈看重，他们觉得自己是有名誉的人，因而更会小心地去维持别人对自己的好评；若是你当众宣布他们的过失，使其无地自容，他们便会失望，而制裁他们的工具也就没有了，他们愈觉得自己的名誉已经受了打击，则他们设法维持别人的好评的心思也就愈加淡薄。"实际情况正如洛克所述，孩子如若被父母当众出丑，甚至被揭开心灵上的"伤疤"，那么孩子自尊、自爱的心理防线就会被击溃，甚至会产生以丑为美的异常心理。

可见，父母要想鼓励孩子，就要摈弃对孩子的偏见，不要总是揭孩

子的旧伤疤，而是要与孩子做好双向沟通。

★ 让孩子倾诉，父母坐下来听

青春期的孩子开始有了自己的"小秘密"，他们中的很多人不再愿意向父母倾诉自己的内心世界。然而正是因为这样，父母一定要多给孩子倾诉的机会，想方设法诱导孩子说出自己的心里话，向父母吐露内心的秘密。要做到这一点很不容易，父母可以这样开始："现在我们关上房门，我是你的一个大朋友，不是父亲（母亲），我会开导你，会指导你，但是我们的谈话在出门以后会终止，永远成为我们的秘密。"

当孩子放下心理防线之后，家长要说到做到，并且在谈话的过程中，要始终铭记，孩子并不需要父母的教训，他要的是倾诉对象和有意义的指导。仔细倾听孩子的心声，有时胜过千言万语。因此，父母应该多给孩子一些倾诉的机会。

★ 不要总是紧盯住孩子的过去不放

无论孩子以前是什么样子，只要父母在与孩子的沟通中让孩子明白，过去并不重要，重要的是要相信自己有能力去把握现在与未来。要让孩子把更多的时间和精力放到自身的努力和勤奋上，力争今后创造出不平凡的业绩。

★ 多看到孩子进步的一面

每个孩子都有自己的长处，孩子在成长的过程中，天天都会有进步，只要父母把目光从紧盯"孩子的不足"之处移开，就能看到阳光的一面，这一转变对孩子来说很重要，会让他感到家庭的温暖。

5 怀疑孩子：对立监视般的沟通

 情景模拟

妈妈："你和那个女生是什么关系？"

孩子："什么什么关系？哪个女生？"

妈妈："就是给你写情书的那个女生！"

孩子："情书？你翻我抽屉了？"

妈妈："你别管我怎么知道的，告诉妈妈，你和那个女生现在是什么关系？没有做什么让妈妈失望的事情吧？"

孩子："我就觉得最近肯定有人动过我的抽屉，原来是你……"

妈妈："我怎么了，你是我生的，看看你的抽屉怎么了！"

孩子："没怎么，你尽管看，以后我的隐私都不会放到抽屉里了！"

 智慧点拨

在《北京晚报》上曾经刊登过这样一封学生公开信：

我们的语文老师在开学之初自我介绍时说过这样几句话："我的耳朵很灵，眼睛特别尖，你们的一举一动，说过的每句话，我都知道得非常清楚，所以你们最好老实点，别想耍花样！"还说："我教了多年书，你们的心思我早摸透了，别给我玩什么猫腻，我治人的方法有的是，一招比一招损，有不怕死的就试！"

教育者如果以这种姿态出现在孩子们面前，显然，孩子们是不会喜欢他的，教育孩子自然很难成功。

另一位当了二十几年老师的母亲也讲过这样一件事情：

作为妈妈，我一直希望儿子能够顺利地考上大学，但是，儿子总会做一些我认为不太合理的事情，有时候，我经常得像警察一样监督着他，生怕他发生什么意外。

一天，我发现上高中的儿子在屋子里走来走去，显得非常烦闷，我心里非常着急。因为我知道，儿子好像在谈恋爱，可能是遇到什么挫折了，但是，高考在即，他怎么能够这样呢？

不一会儿，儿子出门了。

看到儿子出去了，我赶紧走到儿子的房间，取出儿子的日记本来看。但是，当我翻开日记本的时候，我惊呆了。儿子竟然在日记本中夹了这样一张纸条："妈妈，我料定您会来偷看我的日记，您为什么不直接问我，而是要采取这种偷偷摸摸的行为？我瞧不起您！"

我的脸一下子烫了起来。当了20多年的老师，我还是低估了孩子的能力，总像防坏人一样防着孩子，结果却自己打了自己的脸。

青春期的孩子在心理、生理上逐渐成熟，这时很多父母容易犯的一个错误就是，认为孩子会背着自己做一些错事、坏事，必须监督他才能做对的、好的事情。因此，父母就偷偷地担起了监视孩子的任务。一旦父母开始监视孩子，处处怀疑孩子，亲子之间的关系就出现了对立面，双方就成了监视者与被监视者。也许对于父母来说，可能无法感觉到这种不一样，但是，处于被监视地位的孩子却深有体会，尤其是青春期的孩子，会觉得自己的隐私被侵犯了。在孩子们眼里，父母如果老是像防坏人一样防着自己，那么可以得出两个结论：一，父母不相信自己；二，自己在父母眼里不是好孩子。

孩子的这种推理往往会使他们产生沮丧的情绪，原来自己在父母眼里并不是好孩子，父母根本不信任自己！于是，孩子也开始不喜欢父母，不信任父母。矛盾就这样产生了。

★ 父母一定要相信孩子

孩子是有优点也有缺点的，父母不要把孩子当成坏人一样防着、管着，而是应该信任孩子，肯定孩子。在与孩子的沟通中，父母一定要避免使用一些不良的语言和态度，而应该多为孩子喝彩，多鼓励孩子。

★ 父母不要总是禁止孩子

对于青春期这个特殊时期的孩子来说，禁止容易导致逆反，允许则会增进情感。父母在提醒孩子不要做某事时，一定要学会运用柔性的策略，不可一味地用命令来禁止孩子的行为。

★ 父母要以发展的眼光看孩子

也许孩子曾经做过错事、坏事，但并不代表孩子一直会这样。如果父母一直认为孩子不行，孩子自然会破罐子破摔，故意惹父母生气，不仅使亲子关系越来越紧张，而且可能把孩子推向失败的深渊。所以，父母要以发展的眼光来看孩子，信任孩子，给孩子进步的动力。

6 过于迁就孩子：让孩子"永不满足"的沟通

 情景模拟

孩子："妈，我想买双耐克鞋。"

妈妈："哦，很贵吧，能不能不买……"

孩子："不贵，我都已经看好了，才500多！"

妈妈："500多？我们一个月伙食费了……"

孩子："好多同学都有了，我也想要……不然他们会看不起我的……"

妈妈："哦……这样啊……"

孩子："妈，求你了……我以后一定会努力学习的……"

妈妈："好吧，好吧……"

 智慧点拨

今天的孩子，得到了长辈们所有的爱护和照顾，家长们更是在努力提高孩子们的物质生活水平。可是，孩子似乎还不满足，这些"皇帝""公主"们的要求越来越多，孩子要天上的月亮父母就得去给他摘，否则，孩子就会不依不饶。尤其是到了青春期，孩子攀比的习惯一旦形成，花费就会很大，有时真令父母难以招架。有的父母也会感叹："我们小时候没有这些东西也很满足，现在的孩子什么都有，却总是不满足。"

许多青春期孩子的父母会把物质作为一种奖励，甚至孩子提出不合理的要求也予以满足，比如他们常会这样对孩子说："你听话些，我给你买……""只要你学习成绩好，你要什么我都答应你！""不就是一件衣服吗？我给你买就是了！谁让我儿子这次奥数得奖了呢！"正是在父母的这些语言下，孩子误以为自己达到一定条件后，想要什么，父母就会给自己买什么。因此，当他发现有什么新鲜的东西，或者看到他人有什么东西时，就立刻想向父母索要。

其实，青春期的孩子虽然看似像大小伙子、大姑娘了，但毕竟还是孩子，孩子的无理要求，常常是看到别的同学有了什么新的东西，因而自己也想要，于是便吵着向父母要；看见别的同学暑假到外地去游览，自己也想去游玩……这种要求本无可厚非，但不能不考虑一个家庭的经济条件，如果家庭条件难以满足孩子的要求，父母就应该向孩子讲清家庭的困难，说明无法满足的原因。

有些父母认为一时和孩子讲不清楚，或者由于某种原因而不愿多讲，常采用一种搪塞的态度："以后再说！""以后再给你买！"从某种意义上来说，这是避免冲突的好办法，但就养成孩子的自立个性来说，则不然。因为，父母的这种答复只是一种缓冲，一种搪塞，并没有让孩子认识到自己要求的不妥。孩子接下来还会不断地提要求，希望父母同意，最后有可能耍脾气，折腾得父母无法招架。

实际上，当父母认为孩子的要求不妥时，应向孩子说明父母不能满足他要求的原因。虽然可能会产生冲突，但却能让孩子明白道理，对孩子的要求也有所交代。

过于迁就孩子，就会促使孩子养成随心所欲、唯我独尊的不良思想，势必导致他们在迈入社会，进入实际学习、交往中碰得头破血流，甚而误入歧途。

★ 把自己的理由坦率地告诉孩子

父母要相信孩子的认知能力，青春期的孩子已经不小了，可以想办法使孩子理解自己的做法、要求，并让孩子感到父母不是不愿意满足他们的需求，而是他们的要求过分，或者家里的确有困难，无法满足不合实际的要求。

★ 拒绝孩子要注意方法、策略

父母在拒绝孩子的同时，如果要求合理，可以答应他在家庭条件许可的时候，一定会满足他的合理要求，但是，父母必须信守诺言，切不可敷衍了事。比如，"你要一个mp3学英语可以，但是，这个月妈妈的钱

不够了，如果买了mp3，我们就没钱买菜了。这样吧，下个月妈妈一定给你买，你记着提醒我就是了。"

★ **用威严、有分量的答复来回应孩子的要求**

当孩子提出某些不合理的要求时，作为父母终究还得用一些威严、有分量的答复来说明不让孩子做某件事的理由。父母不能一味迁就，眼看孩子一错再错。父母在答复孩子提出的要求时，一定要注意语气，并说明理由，比如："我给你的理由是……""我不允许你这样，原因是……"等。

7 以学习为借口：搪塞孩子的沟通

情景模拟

孩子："妈妈，我想暑假去海南的阿姨家玩！"

妈妈："跟你说过多少遍了，去海南得花好多钱，妈妈没那么多钱。"

孩子："我坐火车去，我不会花很多钱的，妈妈……我都要求了好几年了……"

妈妈："你就知道花钱，就知道出去玩，你怎么不好好学习啊？你瞧你这次考试的成绩，要是让你爸爸知道，非得教训你不可，还敢提去海南玩？"

孩子："妈妈，你不是说考进前十，今年就让我去的吗？"

妈妈："那你不看看你的分数，怎么比上次还低啊？"

孩子："那是因为这次考试难度大，所有的人分数都比上次低。"

妈妈："你又骗我了，我问过你们老师了，第一名的玲玲依然是一个100，一个98。"

孩子："那谁知道她怎么那么厉害……"

妈妈："你为什么不能那么厉害？就知道玩，就知道花钱，怎么不学她？哪天你把学习成绩搞好了，像玲玲那样了，再提去海南的事。"

孩子："妈妈……"

妈妈："不要说了，去学习吧！"

智慧点拨

很多父母都有这样的习惯，当孩子说一些其他的事情时，诸如别人怎样怎样、自己想要什么等，父母就会把话题转移到孩子的学习上，试

图让孩子想想自己的学习并不好，没有资格谈论他人或者要求什么。其实，这种做法的效果并不好。

许多孩子会因此产生这样的想法："我每次一说事，他们就会牵扯我的学习问题。在父母眼里，除了学习没有什么好谈的。""父母想要逃避问题时，总拿我的学习做借口。""他们总是故意忽视我的需求，他们一点都不关心我。"一旦孩子产生这些想法，矛盾和冲突就有可能产生。

实际上，父母如果不想同意孩子的某些要求，或者认为孩子的意见是错误的，只要明白地告诉孩子，让孩子知道父母的担忧和想法，孩子就不会再沮丧地以为父母不关心自己，也不会产生一些不良情绪影响亲子关系。

如果案例中的妈妈换一种处理方式，结果会怎样呢？

孩子："妈妈，我想暑假去海南的阿姨家玩玩。"

妈妈："妈妈知道你的心思，想一个人出趟远门，既能长见识，又能锻炼自己的胆量，是不是？"

孩子："是的，妈妈。"

妈妈："但是，海南实在太远了，不是妈妈不让你去，是妈妈不放心你一个人外出。万一路上遇到什么事可怎么办呀？"

孩子："妈妈，我都已经16岁了。你只要把我送到机场，再叫阿姨到机场来接我，什么事都没有。"

妈妈："你这个鬼精灵，原来已经打好如意算盘了呀！可是，妈妈没那么多钱让你坐飞机呢？"

孩子："那就坐火车呗，你也可以跟乘务员说一下，让他们照顾我一下，反正不到站我不下车，到站叫乘务员叫我下车就行。然后让阿姨来接我一下。"

妈妈："可是，阿姨也是有工作的，你过去住在她家会影响她工作，而且你又那么调皮，好多事情不会做。"

孩子："妈妈，其实我会做很多事情，只是你平常不让我做罢了。我去了阿姨家，肯定自己的事情自己完成，不会让阿姨为我操心的。而且，我还可以帮助阿姨照顾妹妹。"

妈妈："是吗，怎么你在家里什么都不做呢？我看这个暑假你就学学独立自理能力，等下个暑假咱们再看情况！"

孩子："啊，还要等一年啊？我想体验一下成长的滋味，想体验一下独自生活的滋味。"

妈妈："那你自己想想，家里哪些事情是你自己独立完成的？"

孩子："嗯……没什么……"

妈妈："所以啊，现在你还不具备一定的独立能力，我和你爸爸怎么能够放心？你就用这个暑假来说服我们吧！"

孩子："好吧！"

当孩子向父母提出要求时，父母首先要考虑的是孩子提出要求的合理性与可行性，而不能只说孩子的学习成绩如何？学习只是孩子成长路上一件重要的事，而不是全部。

★ 父母要把孩子的正当要求和学习好坏分开

当孩子在学习成长的过程中遇到什么问题，或是向父母提出什么要求时，父母不应该逃避，更不应该不理会孩子，只是用学习或别的借口来岔开话题，搪塞过去。而是要勇敢面对，努力和孩子一道解决问题。只有父母与孩子一起正视问题，解决问题，孩子才能够获得成长，亲子关系才会在相互交流中得到升华。

★ 父母要认识到：学习不是孩子的一切

很多父母把学习看成孩子成长的唯一标准，忽略了孩子综合素质的考量，如果孩子的学习成绩达不到父母的要求，其他一切就免谈，这样不仅会伤害亲子关系，也会造成孩子的自卑心理。

8 盘问加威胁：令孩子逆反的沟通

 情景模拟

妈妈："考试成绩出来了吗？"

孩子："怎么了，妈妈？"

妈妈："我在问你考试成绩出来了吗？"

孩子："出来了。"

妈妈："你考多少分呀？"

孩子："65分。"

妈妈："你们班最高分是多少？"

孩子："不知道。"

妈妈："最低分呢？"

孩子："不知道。"

妈妈："你怎么什么都不知道？我怎么听说庆庆考90多分，听说你的分数最低呢？"

孩子："你都知道了，还问我干什么？"

妈妈："你这孩子，怎么说话的？我是你妈妈，我就不能关心你？就你这态度？能学好才怪呢！考试成绩不好也不觉得脸红？"

孩子不吭声。

妈妈："怎么不说话了？我早就告诉过你，要用功学习，向庆庆看齐，不要总看电视，也不要总是疯跑，可是你怎么样呢？今后你必须老老实实地在家学习。下次再不考好，你就别进这个家门，我没有你这样的儿子。"

孩子："不进就不进，看你能把我怎么样！"

 智慧点拨

上面案例中的母亲刚开始像警察一样盘问孩子,孩子自然会有反抗的情绪,尤其是青春期的孩子,逆反心理是"一点就着"的。当孩子产生逆反心理的时候,母亲就企图用威胁的方式来压服孩子。但实际上效果并不好,孩子在与母亲的对话过程中总是以"不知道""忘了"作为抵抗手段,这体现了母子之间存在沟通的障碍。

父母如果习惯于板着面孔教训孩子、威胁孩子,孩子就会因为感受不到家长的爱,而变得与家长疏远、隔膜,同时,由于父母的威胁,孩子与父母之间的敌意就会越来越强。这也是许多青春期孩子与父母沟通不良的主要原因之一。

★ 父母说话要以有效为原则

父母在跟孩子打交道时,必须重视自己说的话,不要想说什么就说什么,应该考虑到说话的效果。父母对孩子允诺什么事一定要谨慎,已经答应孩子的奖赏一定要做到,对孩子的惩罚也要合理、有效。

有些父母威胁孩子要惩罚他,却从不施行,这样会导致父母威信的丧失。巴拉德博士在他那本非常有趣的《变化中的学校》中,着重阐述了这个原则:"不要威胁孩子,如果你威胁了,就必须实施你的惩罚。如果你对孩子说:'再这样我就杀了你。'如果他真的再这样了,你就必须杀了他,否则,你将失去威信。"如果父母威胁说要惩罚孩子,就要做好惩罚的准备。

事实上,父母的威胁只是自己生气时情绪的一种表露,所威胁的惩罚措施也是不切合实际的,一般是不会真正去施行的。因此,这种威胁不但毫无意义,反而让孩子不把父母的话当回事,看不起自己的父母。一般来说,父母最好不要用威胁的方式与孩子说话,以免引起孩子的反感。

★ 要制定家规,对孩子"约法三章"

父母要通过与孩子的沟通、协商的方式,让孩子承诺对生活、学习、家务的责任,并规定违规处罚方式。如零花钱超支,就在下月扣除;用

电脑超过一定时间，第二天就停用一次等。协议要落到书面上，家长和孩子共同签字。

★ 父母要创造多元化的沟通渠道

父母与孩子之间的沟通不能仅仅立足于语言上的沟通，应该采取多种方式。家长的语言符号用多了，往往容易引起孩子的逆反心理。而多种新颖的沟通方式，比如孩子的生日蛋糕上可以写"孩子，我爱你"等话语，既容易增加情趣，又有助于沟通亲子之间的感情。

9 不打不成器：无效的沟通

情景模拟

妈妈："你怎么又去上网了呢！"

孩子沉默不语。

妈妈："你说吧，怎么办！你保证书上怎么写的！"

孩子保持沉默。

妈妈："不说话是吧，那就按保证书上的办！等你爸爸回来，让你爸爸好好揍你一顿！"

孩子："揍！揍！揍！整天就知道揍我！我恨你们！"

妈妈："还顶嘴，你还有理了！不知道怎么养出你这么个不成器的儿子……"

孩子夺门而出。

智慧点拨

一位中学生曾经这样说："现在我们的压力其实挺大的，在学习上受到挫折时，往往得不到父母、老师的理解。向父母诉说的结果是责骂，没办法，为了宣泄心中的苦闷，逃避不愿面对的现实，我只有到网吧、酒吧或者迪厅寻求刺激和快乐。"

青春期的孩子心理还不成熟，自我调节能力比较差，当他们遇到一些挫折的时候，如果再有父母对自己说"你再这样，我打死你？""你居然顶撞我？"这种带火药味的语言，会大大影响亲子关系，直接影响孩子们对父母的尊重，更有甚者会让孩子养成一些不良习惯，如泡吧、上网等，甚至做出一些无可挽回的举动，可能对孩子造成终身的不良影响。

同时，打骂孩子也显露了父母教育上的无能，只能用最粗暴的方式表

达自己的情绪,其结果不但达不到教育的目的,而且会失去孩子的尊重。希望父母记住前苏联活动家捷尔任斯基的告诫:"不要打孩子,让你们以对孩子们的爱来控制你们自己吧,而且要记住,尽管你们用鞭打来教育他们时,他们还小,还没有自卫能力,但他们长大以后,你们就得不到他们的爱了,因为你们用体罚和过分严厉的态度伤害了他们的心灵。"

家长要明白,孩子犯错误固然应该教育,但是,教育的方式很多,并不只是打骂。而打骂的最终目的也是希望通过惩罚性的措施,让孩子明白其中的道理,避免下次再犯类似的错误。因此,打骂只是一种手段,并不是目的。对于父母来说,只要孩子认识到错误,有了改正的决心,教育的目的就达到了,并不一定要用打骂的方式来加深孩子的痛苦。

歌手齐秦在青少年时也是一个反叛的少年,他喜欢喝酒、打架,经常半夜三更回家。他早已习惯于父亲对自己的惩罚,那就是跪在地上等待父亲的鞭子和训斥。

有一天半夜,他回家后自觉地跪在地上等待父亲的训斥,但是,年迈的父亲却没有再打他,也没有训斥他,而是淡淡地说:"这么晚了,快去睡吧!"

正是这样一句话,却让齐秦的内心受到了极大的触动,他感受到了父亲对自己的关心,觉得自己愧对父母。从此,他改邪归正,并喜爱上了音乐,走上了正道。

可见,惩罚性的措施会让青春期孩子产生逆反心理,孩子往往在心里想:"反正已经挨打了,这下没什么不好意思的。""要改正可不是那么容易的,大不了再被打一次。"就这样,对打骂越来越麻木的孩子不仅无法改正自己的错误,而且对父母的情感也会越来越淡漠。相反,如果父母在孩子做错事时,不是责骂而是表现出对孩子的关心和包容,和孩子好好沟通,孩子的内心反而会极大地感受到父母对自己的爱,为了回报父母,他会努力改正自己的错误,做一个让父母满意的好孩子。

具体说来,家长可以这样做。

★ 多多了解孩子

在忙于生计的同时,家长一定要抽出时间来多了解孩子,尤其是青春期的孩子，心理、生理都正在向成人趋近，家长要多与孩子的朋友、孩子的老师沟通，尽量对孩子在学校中的表现有一个全面了解。多一分了解，就少一分误解。这样一旦孩子犯了错误，也能比较明白应该如何去引导孩子。

★ 吸收教育知识

社会在变化，孩子的成长环境也在变化，那么教育方式自然也要不断进步。身为家长，要主动吸收教育新知。在传统的教育方式中，父母多半用权威来教育孩子，而打骂、处罚更是权威教育的重要方法。吸收新知可以帮助家长跳出自己的成长经验，及时调整自己的教育观念。

★ 真正放下身段

有些家长总喜欢在孩子面前保持威严，习惯以居高临下的态度来对待孩子。建议家长真正放下身段，从内心尊重孩子，不要再用命令的口气跟孩子说话，把孩子当做成人一样给予尊重。不要总是对孩子说"不"，而是要给孩子选择，让孩子自己做决定。青春期的孩子年龄已经足够大，表达能力基本上都没有问题，家长也可以让孩子自己提出解决方案或替代办法。

★ 跟孩子讲道理

除了平时的告诫之外，家长也要在实际的情境中教给孩子一定的道理。让孩子从其他人的角度去体会，真正明白自己的行为会如何影响他人。比如孩子染上了网瘾，可以让他想想，如果他是父亲，他的孩子因为上网成瘾，荒废了学业，荒废了前途，他做何感想？至于解说道理的方式，则可依孩子的性格、兴趣来选择。

★ 让孩子去体验

如果孩子老是听不进大人的话，那么在保证安全和没有恶劣后果的前提下，家长也可以让孩子自己体会"自食恶果"的滋味。通过自身的切实体验，孩子将能深刻领悟到家长的教导有多么正确和重要。这对于青春期的孩子来说，比单纯的说教更有效果。

★ 同孩子协商

不要总是要求孩子按照大人的意志去生活，那么不只是孩子痛苦，

就连大人也很痛苦。孩子也是人，尤其是青春期的孩子，已经有了他们自己的想法，自己想做的事，因此，同孩子协商，各退一步也许是很好的方法。比如当孩子想要买个手机，而家长却有所顾忌的时候，就可以跟孩子协商晚一些时候再买——注意，不是不给孩子买，可以等孩子放暑假了，或者是合适的时间再买。

★ 盛怒时不管教孩子

在极度愤怒的状况下，家长肯定无法以理性的方式来管教孩子。所以，当家长无论如何也平静不下来的时候，建议家长暂时离开现场，或是转移自己的注意力去做别的事，如打电话同朋友聊天、听音乐等。等自己平静下来以后，再和孩子好好谈谈。

★ 用"赏识教育"替代"打骂教育"

所谓"赏识教育"，就是发现孩子的一点点优点就及时给予夸奖和鼓励。美国有著名的"一屋"、"二实"、"三主"、"四不"的说法。所谓"一屋"，就是一个谈话小屋，将有问题的孩子单独叫去，在民主的氛围中靠轻松谈心来解决问题；"二实"就是"核实事实"，不是只听别人的片面之词，而且要"分析事实"，让孩子明白对或者错具体在何处；"三主"是以说服教育为主、以尊重孩子为主、以表扬为主；"四不"就是不在客人面前说孩子，不在家人都在场的时候说孩子（这是为了不伤害孩子的自尊心），不在饭桌上说孩子（要注意孩子的饮食健康）；不在气头上说孩子（这个时候父母容易说出过激的话）。遵循这些原则和孩子来进行沟通，一定比打骂更能达到期望的教育效果。

★ 真诚对待孩子

有些家长在与孩子做沟通的时候，总是喜欢用指责或命令式的语气，这常常让孩子难以接受。亲子之间的沟通应该是真诚而没有距离的，家长可以很坦诚地将自己的担心或情绪解释给孩子听，让孩子了解他的行为会让家长难过，或是会让家长担心。只要语气是平和的、态度是真诚的，家长就会发现，其实孩子是很乐意体贴爸爸妈妈的。

二、用爱打下沟通的基础

青春期是人生旅途中一个非常美妙、奇异、灿烂的时期，进入青春期的孩子正欣喜地体验着自我意识的觉醒，体验着成长的喜悦，成人心态在他们内心正迅速膨胀。这个时候，家长除了要关注孩子有没有吃饱、有没有穿暖、成绩有没有下滑外，还要关注他们在成长过程中心理上的微妙变化，并顺着孩子的这些微妙变化而适时地改变自己说话做事的风格，调整"以往的教育方式"，为青春期的沟通打下良好的基础。

1 不要因为工作将孩子遗忘

 情景模拟

妈妈："有事儿给我打电话，我走了！"

孩子："妈妈，等一等！下个礼拜学校有画展，里面也有我的画，你来看吗？"

妈妈："我要去香港出差，让你外婆来吧！"

孩子："那还是算了吧……"

妈妈："对了，妈妈刚给你交完学费，这是两张卡，一张银行卡，一张电话卡，你拿着。钱用完了就给我打电话，卡上就会有钱的。"

孩子："哦。"

妈妈："行，那我走了，有事儿联系。"

孩子："再见。"

 智慧点拨

上述孩子缺少与父母最起码的沟通，沟通是一切教育的基础，而现在，很多父母与子女之间缺乏应有的沟通，父母没有真正了解孩子在想什么、需要什么。有些孩子甚至因为无话可说而不愿与父母同桌吃饭……

特别是孩子到了青春期，很多家长认为孩子大了，不用像小时候一样陪着孩子一起玩儿、一起游戏了。其实不然，虽然孩子长大了，但是他们毕竟还是孩子，可以说，青春期的孩子更需要家长的陪伴，更需要家长与他们沟通。与家长的亲密关系，会让孩子的满足感、安全感、自豪感都非常的强。所以，家长不要因为工作繁忙而将孩子遗忘，使他们从心底产生隔阂。

暑假，或者孩子的其他假期里，他们的业余时间多，精力充沛，是与孩子进行沟通的好时机。家长应多抽一些时间跟孩子一起"玩"，从而"寓教于乐"。许多父母希望改变自己，多陪孩子玩玩，但是，却总是力不从心。其实关键问题在于父母是否有心，同时是否懂得安排时间与孩子交流。

★ 找时间和孩子一起走进人文世界

人文世界是非常精彩的，孩子的人文教育也是非常必要的。如果家长不知道和孩子的沟通从何开始，不妨就和孩子一起走入人文世界吧！陪孩子一起去图书馆、电影院、博物馆；也可以在闲暇时候和孩子一起读一本好书，画一幅充满想象力的图画，讨论一下"先有鸡还是先有蛋"……

★ 组织一次短途旅行

生活是忙碌的，现在工作的快节奏和生活的压力，使很多家长无暇和孩子及时交流，了解孩子的学习状态。其实父母大可以在星期天或节假日的时候，选择一个风景秀丽的地方进行一次短途旅行或爬山、野餐等活动，创造机会让父母与孩子敞开心扉畅谈，宛如朋友一样进行真诚交流，给孩子提供终身受用的精神滋养。这是为人父母的职责和义务，也是建立一个幸福和谐的家庭，让孩子健康、快乐地成长的基础。

如果觉得去博物馆、出门旅行之类的沟通形式不能经常进行，那么在生活中有些小方法可以试一下：

★ 在孩子的床边停留一会儿

每天在孩子睡觉之前，父母可以和孩子说说话，对孩子讲讲在这一天中发生和遇到的事情，讲解一些孩子感兴趣的事物，如孩子喜欢汽车，不妨陪孩子聊聊汽车的发明、汽车的分类。

★ 让孩子做一些力所能及的事情

青春期的孩子学习任务比较重，所以很多父母从孩子一回家就把他赶进书房，只要他学习好，家务事一概不用孩子插手。殊不知，一方面，孩子本身需要休息；另一方面，牺牲了和孩子沟通的宝贵时间。孩子放学后，对他一整天的学习过程及生活中的烦恼其实都需要向人倾诉，所

以，在家的时候，父母可以让孩子做一些力所能及的事情，比如帮着拿拿东西呀，择菜呀，剥蒜呀，在这个过程中，可以问问孩子今天在学校的情况，而此时的孩子处于放松状态中，也比较容易沟通。

另外，也可选些孩子和父母都能做的运动，例如：打球、游泳、放风筝等，孩子喜欢，父母也可以在锻炼身体的过程中，走进孩子的内心世界。

② 从孩子的角度想问题

 情景模拟

妈妈:"星期天是你的生日,妈妈给你200元的预算,你自己决定怎样过生日。"

孩子:"真的吗?"

妈妈:"当然是真的。"

孩子:"那好,我要约上我的好朋友到香山公园去玩,听说红叶已经红了!"

妈妈:"不行!跑那么远,多危险!"

孩子:"不会的,您用车送我们去,五六点的时候,我们在公园门口等您,您再接我们回来。"

妈妈:"那也不行,万一出点事儿怎么办。我看还是在餐厅请你的朋友们吃一顿算了!"

孩子:"每年都在餐厅过,一点意思都没有!算了,星期天我哪儿也不去了,过不过生日都无所谓!"

 智慧点拨

父母与孩子之间往往有太多的不同看法,如果双方都认为自己的意见是正确的,只站在自己的角度去看待问题,那就无法达成一致,更别说顺畅沟通了。为什么不尝试一下站在孩子的角度,用孩子的眼光看待事情呢?说不定事情就能得到圆满解决!

★ **真诚地与孩子一起商量**

有些父母表面上与孩子协商,实际上自己已经拿好了主意,最后还是按自己的想法来办，而不管孩子的意见是否合理。这样的结果只会让孩子觉得父母虚伪，让孩子反感。因此，站在孩子的角度想问题的首要前提是，一定要本着诚心的原则，如果孩子真的提出了合理的要求和有建设性的意见，父母一定要接纳和采用。要知道，孩子可不是傻瓜，他能够很容易地看出父母是否诚心，是否真的在跟自己商量。只有真正把孩子当成平等的人，尊重孩子的想法，尊重孩子的意见，父母才能够更好地与孩子沟通。

★ 用孩子可以接受的方式进行沟通

《德国孩子的"爱情"》中讲了这样一个故事：一个德国男孩爱上了同班一个16岁的中国女孩，男孩因为女孩生病未到校而情绪非常低落，他告诉母亲自己爱上了那个女孩，想要和女孩结婚。男孩的母亲并未斥责他，而是和颜悦色地说："那好啊，但结婚要有礼服、婚纱、戒指，要有自己的房子、花园，还要花许多钱。可是你现在什么也没有，连读书都是妈妈给你付的学费。你要和这位可爱的中国女孩结婚，从现在起就得努力学习，将来拿上博士文凭，才有希望得到这一切。"那位男孩听后，擦干眼泪非常认真地读起书来。

其实，每一位家长都曾从花季般的年龄走过，也经历过许多同样的"成长的烦恼"，如果孩子的想法真的是错误的、需要修正的，那么在沟通的过程中，为了能够让孩子更容易接受成人的观点，最好就从孩子的角度上，将心比心地进行劝导。

以开篇母子间的对话为例，母亲如果可以从孩子的角度进行劝导，也许事情就不会弄得不欢而散了。

孩子："我要约上我的好朋友到香山公园去玩，听说红叶已经红了！"

妈妈："不行！跑那么远，多危险！"

孩子："不会的，您用车送我们去，五六点的时候，我们在公园门口等您，您再接我们回来。"

妈妈："你为什么那么想去香山？"

孩子："我们几个其实以前早就约好了，有机会要去爬香山，这不是个好机会吗!"

妈妈:"哦,原来你早就想去了!可是你们自己去妈妈不放心,你看这样好不好,爸爸妈妈和你们一起去香山!"

孩子:"别,他们该笑话我了!这么大了,爹妈还在后面跟着!"

妈妈:"嗯,这倒也是。你看这样行不行,我们和你们分开玩,你们爬山,我们去植物园。这样你的同学也不会笑话你,如果你们遇到紧急情况需要帮助,我们就在附近,可以随时赶到!"

孩子:"这倒是个两全其美的主意,好吧,就这么办!"

妈妈:"那妈妈明天去买点你们爱吃的零食、饮料,让我儿子在香山过一个难忘的生日!"

孩子:"妈妈万岁!"

在沟通的过程中,作为父母不一定非得硬性要求孩子按父母的想法做事,其实孩子都是懂道理的,他们有自己的爱好,有自己的处事方式,这个时候,家长最好将孩子看成是一个独立的个体,从孩子的角度出发,平心静气和孩子一起商量一个两全其美的方法。

3 引导孩子参与聊天

 情景模拟

妈妈:"作业做完了吗?"

孩子:"做完了。"

妈妈:"今天在学校里表现怎样?"

孩子:"一般吧!"

妈妈:"老师有没有对你说什么?"

孩子:"没有。"

妈妈:"那学校里一点事情都没有吗?"

孩子:"每天都一样,有什么好说的。"

 智慧点拨

现代家庭中,父母与孩子之间可以聊的话题太少了。尤其孩子到了青春期,许多父母除了例行公事地询问孩子在学校的表现及学习成绩外,几乎没有什么可聊的。无怪乎,许多家长发出这样的感叹:"孩子越大越不喜欢跟我聊天了,难道我这么招人讨厌吗?"

事实上,许多父母与孩子在一起的时候,最习惯于对孩子说的话总是:"早点回家,不要去网吧玩!"

"在学校听老师的话!"

"上课时认真听讲!"

"好好学习,考上大学!"

似乎父母与孩子之间的话题总是局限于孩子的学习方面,当然,对于青春期的孩子而言,学习确实是非常需要关注的,但这必然会引起孩子的反感。久而久之，孩子就会失去与父母沟通的愿望，他们宁愿把自己的事情深深地埋在心底，也不愿意告诉父母，尤其是在遇到挫折及困难时，他们更加不愿意向父母诉说，怕父母责骂自己，这样，亲子之间的沟通就越来越少，彼此之间的隔膜就产生了。

实际上，这是父母的问题。如果父母不把焦点指向孩子的学习，而是多关心孩子的日常生活及心理、情感状况，真正地走进孩子的心灵，那么，亲子之间的关系就会越来越融洽。

除了学习以外，孩子在学校里每天都会遇到一些新鲜事，父母可以让孩子把每天的新鲜事讲给自己听。另外，诸如孩子与同学之间的事情，孩子外出发生的事情等。总之，聊天话题忌讳总是孩子的学习。

★ 引孩子参与聊天的技巧

当然，在与孩子聊天的时候，也需要有一定的技巧。

有些父母习惯于生硬地向孩子发问：

"今天学校里有什么新鲜事呀？"

"今天老师说什么了？"

这种问题，孩子容易给出消极的回答，比如，"没什么事。""没说什么。"这样，交流就会停止。

如果父母能够先观察一下孩子的表情，针对孩子的不同表情有意识地引导孩子开口说话，这样的聊天往往进行得比较顺利。

当发现孩子回家时比较兴奋，你就可以微笑着问："今天怎么这么高兴，是不是学校里发生了什么令人高兴的事，说来听听？"

当发现孩子回家时比较沮丧，你就可以关切地问："你是不是心情不好？是不是遇到了什么困难和问题，需要我帮忙吗？"

当发现孩子与人打架或者脾气比较大的时候，不要气急败坏，而要平静地问："哎呀，什么事情让你这么生气，说来听听？"

这种形式的问题因为关注了孩子的情感，往往比较容易引导孩子做出积极回答。

另外，父母在引导孩子聊天的时候，可以故意制造一点儿神秘感，激发孩子的兴趣。比如："我在超市买东西的时候，竟然碰到了一件奇怪

的事情。"

"我去学校找你们老师,他跟我讲了一个你的秘密。"

"我们单位今天发生了一件好笑的事情。"

"你知道吗?原来你爸爸也有不可告人的秘密!"

这种神秘感较强的语言往往会激发孩子的好奇心,吸引孩子主动参与到聊天当中来。当然,父母要学会变换不同的语言和语气,不要老是使用同一种句式。只要父母抱着友善、平等的态度,主动去了解孩子,主动引导孩子聊天,就能让孩子在聊天的过程中倾诉内心的想法与情感,实现情感的沟通,融洽亲子关系。

★ 聊天时间

现代生活中,往往孩子还没有起床,父母已经上班走了;孩子在学校上课时,父母也在忙。由于工作繁忙,很多父母没有时间管教孩子,只有吃饭的时候才可能在一块。聪明的父母会把这个有限的时间作为与孩子沟通的好机会。

但是若利用孩子吃饭的时间,对子女活动、交友等他们不想说的话题刨根问底、喋喋不休就欠妥了。不尊重孩子的私人空间,会挫伤孩子的自尊,扰乱孩子的生理和心理秩序。

家长还应该注意其它时间的选择,可在晚上睡觉前跟孩子聊些心事,但是时间不宜超过 15 分钟。

★ 聊天内容

男孩子宽厚、直爽,心里有话相对容易坦诚地讲出来;女孩子爱面子、害羞、情感细腻,于是想得比较多,心里话一般不轻易对别人讲。所以与男孩子聊天,要观点明确,说话不拖泥带水;与女孩子聊天时则可以从她们的兴趣入手来拉近距离。总之,具体问题具体分析,针对不同的情况,选择不同的聊天方式和内容对亲子沟通是非常重要的。

另外,值得家长注意的是,当孩子进入青春期时,他们就不再每一件事都依赖父母了。这时候他们要求独立的愿望比较强烈。同这样的孩子谈心交友,首先应该肯定他们争取独立的愿望。在处事方法上尽量以朋友的口吻给他们提建议,告诉他们这只是参考意见,并鼓励他们遇到事情时勇于自己做出选择，敢于承担责任。信任是父母与这些孩子交往时必须要注意的最重要的准则。

聊天时，除了以孩子关心和感兴趣的话题为中心进行交谈外（当然，有家长和孩子都感兴趣的话题更好。这类话题交谈最容易产生共鸣，也便于掌握孩子的思想动向），还可以"规定"：不许说孩子，不许说家庭，更不许说学习，以及孩子所讨厌的事情，就只说父母今天做的工作或者给孩子聊聊今天见到的事情等。

★ 聊天态度

与孩子聊天时，语气要亲切自然，态度要诚恳，切忌一边跟孩子说话，一边做其它的事情。语气亲切自然才能让他们感觉无拘无束，感到父母是他的朋友，这样他才会把心里话告诉父母。

此外，家长还可以针对孩子一段时间遇到的事情或者可能有的心事与他聊天，可以告诉孩子自己小的时候有过的苦恼，以及自己后来解决的过程，通过这种推心置腹的方式自然能够拉近与孩子之间的情感距离，实现较好的沟通。

妈妈这样说，青春期的孩子才愿意听

4 用温和的态度对待孩子

 情景模拟

妈妈："出去干吗？"

孩子："和朋友约好了去打球。"

妈妈："你那些朋友，没有一个是成绩好的，少跟他们来往。"

孩子："打打球有什么关系……"

妈妈："打球，打球，我看你的成绩就是打球打坏的！"

孩子："根本是两码事儿……"

妈妈："你的心思全都不在学习上，还想考重点高中，痴人说梦！"

孩子："好好好，我是'痴人'，以后我就这样儿了，中考也不参加了，行了吧！"

 智慧点拨

教育专家指出，父母的态度会影响青春期孩子的学习、行为与道德的发展。

大部分父母会认为：孩子的不良行为令自己对孩子评价和态度不佳，而且自己对孩子的评价很公正，同时自己对孩子的不良评价和态度并不会影响孩子的学习。学习成绩的好坏，是父母的态度在先？还是孩子的智力水平在先？这两者的关系远比人们认识的要复杂得多。

父母的态度与孩子的智力水平互为因果关系。父母或父母的态度对孩子的智力与能力是有巨大影响的。即使孩子真的差一些，父母如果能以较好的、温和的态度对待孩子，更多地给孩子积极的评价，那么孩子的态度常常是积极的，对周围事物的看法也是乐观与自信的。孩子会认为他人希望自己在学业上有所成就，而这种希望往往就会变为现实。消极的态度与评价只能使孩子的信心更差，使孩子更不敢或不会努力，其结果将使孩子的智力与能力水平更差。

其次，父母的态度不仅影响孩子的学习，还会影响孩子的行为与道德发展。当孩子步入青春期，他们会遇到很多需要自己处理的事情，以及复杂的人际关系，他们的行为会受到父母态度的影响。父母是用温和的态度鼓励孩子与其他孩子交往，还是限制孩子的交往，其结果是不一样的。父母是有意让孩子在某种环境受到挫折，得到锻炼，还是把孩子保护起来，害怕孩子受到挫折；当孩子受到挫折时是帮助、鼓励孩子，还是讽刺、嘲笑、忽视孩子，甚至让孩子在挫折面前逃避，都将对孩子产生重大的影响。

胡丽的孩子十分聪明、乖巧，学习成绩不冒尖但也不算坏，胡丽从来也没有多费过心，别人也都夸她的孩子聪明、懂事，胡丽也曾很骄傲、自豪。可是等孩子上初中后，学习成绩就一落千丈，而且逆反心理也特别强。

胡丽仔细反思，她感觉是自己对孩子的态度出了问题，对孩子的态度越差孩子的成绩也就越下滑。胡丽找到了真正的原因，决定改正自己的态度，对孩子保持温和的态度。

此后，不论孩子做什么，胡丽总是用耐心温和的态度对待孩子。

两个月过去了，奇迹出现了，孩子与胡丽都有了很大的变化，孩子不再与她作对了，有什么事还会主动请教她，也知道关心人了，不再发脾气了。星期天胡丽去值班的时候，还会嘱咐她说："妈妈，你放心吧，在家我会管好我自己的，路上要小心。"另外，孩子写作业也比以前快多了，也知道努力了，每到周末都会请爸爸给他辅导物理、数学等科目。

父母对孩子持消极、粗暴的态度，就会影响孩子的行为向不良或不健康的方向发展，父母对孩子持积极、温和的态度，就会影响孩子的行为向健康的方面发展。只有在父母温和的态度下，在父母的鼓励与帮助下，孩子才能在青春期建立起较好的自我评价与自我意向，从而很好的

发展自主能力、独立能力与其他社会能力，为其顺利成长奠定良好的基础。

父母应如何保持温和的态度呢？

★ 要学会对孩子的错误"冷处理"

父母打骂孩子常常是"情急之下"所为，因此，要学会"冷处理"。所谓"冷处理"就是在自己着急、上火、生气的时候尽量不要教育孩子，自己先消消气，等自己的心情平静了，再去教育孩子。当孩子生气、激动时，也不适宜进行教育，应该等孩子平静下来后，再用温和的态度进行教育。这样才能防止粗暴型教育，才能冷静地、客观地处理孩子的种种问题。

★ 父母要控制情绪，平衡心态

千万不要失去控制对孩子大吼大叫，应冷静地分析一下孩子的意见是否正确。假如是正确的，就要给予支持；假如是错误的，父母应用温和的态度和孩子一起仔细分析问题，要倾听孩子的意见，不然会使孩子形成沉默寡言的孤僻性格。

★ 不要让自己的坏情绪感染到孩子

父母还应注意自己日常生活中的情绪对孩子的影响。不要在孩子面前表现出消极的情绪，那样会使孩子处在一种不和谐的家庭环境中，受到父母消极情绪的影响而导致情绪上也发生坏的变化。

5 把"下命令"变成"提建议"

 情景模拟

妈妈:"跟你说了多少遍了,不要趴着写作业,你怎么又趴下去了?快挺直腰板!"

孩子下意识地挺直了腰板。

(十五分钟后)

妈妈:"你这孩子怎么这么不听话呀?让你不要趴着写作业,总是不听。"

孩子:"知道了,妈妈。你烦不烦呀!"

妈妈:"还嫌我烦了!我这是为谁好呀?以后变成驼背、近视眼看你怎么办?"

孩子:"驼背就驼背,近视眼就近视眼!"

妈妈:"什么?你这孩子怎么这么不懂事呀?真是无可救药了!"

孩子:"我本来就没什么出息嘛!"

妈妈:"真是白养了你,早知如此,就不应该生你!"

孩子:"我又没叫你生我。"

妈妈:"你……"

 智慧点拨

类似上面这样的事情会经常在家庭中上演。父母本来都是好意,都是为了孩子好,希望孩子不要做什么,告诫孩子应该怎样做才好。但是,许多父母却不知道怎样来表述自己的建议,往往把好好的一个建议,变成一种命令与强迫。结果,碰上逆反情绪很重的青春期孩子,不但不领情,反而对父母产生了对抗心理，使许多父母整天哀叹"可怜天下父母心"。

实际上，父母只要转变一下表述的方式，尝试用提建议的方式来教育孩子，孩子往往能够接受。

15岁的菁菁收到了一封情书，她怀着忐忑不安的心情，把情书藏在了书包的内袋里。但是，敏感的妈妈还是察觉到了异样。因为，家里经常会出现奇怪的电话，当妈妈接起的时候，电话总是断了。当菁菁接电话的时候，总是神神秘秘的，有时候声音特别轻，有时候则说让对方明天再打。

这天晚饭后，家里又接到了这样的电话。菁菁跑到了自己房间里去接电话。

妈妈对爸爸说："女儿可能早恋了，怎么办呢？"

爸爸说："那可真是件棘手的事。但是，我觉得你应该镇定。千万不要批评她，有人喜欢你女儿，说明你女儿比较优秀嘛！"

"你别瞎说，我晚上得找菁菁谈谈。"妈妈对爸爸说。

晚上，妈妈到菁菁的房间里，菁菁正在看书。

"菁菁，作业做完了吗？"妈妈问。

"做完了，妈妈。我预习一下明天老师要讲的新内容。"菁菁说。

"我女儿真用功。"妈妈禁不住夸奖道。

看到妈妈坐在自己身边，好像有事要谈。菁菁问道："妈妈，有什么事吗？"

"哦，"妈妈说，"也没什么事，妈妈只是想找你聊聊。"

"聊什么呢？"菁菁说。

"妈妈真羡慕你呀！"妈妈故意说。

"我有什么好羡慕的，每天要读书。"菁菁故意苦着脸说。

"你看，现在你有那么多的朋友，你们可以打电话聊天，妈妈那个时候可根本没有电话，朋友也很少。"妈妈说。

"哦。"菁菁有些警觉起来。

"你要珍惜同学之间的友情呀！妈妈时常想，小时候要是有那么多的朋友，成年后就是一种财富呀！"妈妈说，"人与人之间的友情可以延续一辈子，大家互相帮助，共同进步，以后一起上高中、上大学，你想想，多美好呀！"

菁菁也有点憧憬起美好的未来了。

紧接着妈妈又对菁菁说："孩子，妈妈一向是很开明的，妈妈希望你活泼开朗，希望你多交朋友。但是，妈妈也有个建议，你要不要听听？"

"什么，妈妈？"菁菁问。

"妈妈建议你在交友过程中遇到什么问题要与妈妈商量，你现在还是学生，要以学习为重，不能因此荒废了学业，知道吗？"

"我明白了，妈妈。"菁菁不好意思地看了看妈妈。

"妈妈知道菁菁长大了，妈妈不会干涉你的事情，但是，你自己一定要有个度，知道吗？"妈妈微笑地征询菁菁的意见。

"我一定会的。我刚才还在担心妈妈会怎么对我说呢，现在我知道妈妈是我的好老师。"菁菁调皮地对妈妈说。

一般来说，在孩子的成长过程中，父母是孩子的良师、顾问，但不是指挥者、操纵者。父母应该以提建议的方式引导孩子，而不能经常性地下命令。

美国成功学家卡耐基说："用'建议'，而不下'命令'，不但能维护对方的自尊，而且能使他乐于改正错误，并与你合作。"这句话对父母来说也是很好的忠告。

★ 父母要与孩子分享自己的人生经验

父母的人生经历要比孩子广泛得多，甚至现在孩子的难处自己也曾经经历过。因此只要认真思考，冷静处理，就一定能够给孩子一个好的建议，得到孩子的认可。

★ 父母要考虑到孩子所处时代的差异

父母在给孩子提建议时，一定要充分考虑到时代的发展变化，不能以老眼光来看待现在孩子所遇到的问题，否则即使孩子接受了父母的意见，最终也会埋怨父母，失去对父母的信任。

6 父母应适当反省自己的言行

 情景模拟

妈妈:"你这孩子,怎么能欺骗我们呢?"

孩子沉默。

妈妈:"我从小怎么教你的,要诚实,要诚实,怎么你从来不往脑子里进呢?"

孩子:"还说我呢,你不也经常信口胡诌吗?上回公司想让你加班,你不就说自己'生病'了吗……"

妈妈:"你……"

孩子:"哼……还说我呢……"

 智慧点拨

孩子难免会有一些这样或那样的毛病,对于孩子的不足,很多父母都是给予严厉责备,但是,有多少人真正明白,其实,孩子身上的不少缺点都是源于父母的过失。"子不教,父之过。"很多父母都熟知这句话,但是,恰恰有很多父母忽视了这句话。不要把孩子的错误总归结到孩子身上,很多时候父母需要不断地反省自己,发现自身的不足,并改正,才会更好地帮助孩子成长。

孩子的任何问题都可以在家庭教育中找到一定的根源。孩子交际能力差,不爱说话,必然与父母不敢放手让孩子去接触社会、接触生活有关;孩子懦弱、不自信,必然与父母不善于发现孩子的优点,而一味地批评和指责孩子的缺点有关;孩子有暴力倾向,必然与家庭缺乏爱心、缺乏温暖有关。如果存在以上问题不知道改变,必然导致家庭教育的失败。那么，父母应该经常反思什么问题呢？

★ 是否肯加强学习

教育孩子是一门很深的学问，不是无师自通，或道听途说就可以做好的，家长应当学习一些教育学、心理学的知识，树立正确的教子观念，掌握科学的教育方法。同时还应建立与孩子共同学习、相互学习，自我改变、自我完善，一起成长的新理念。

★ 是否成为了孩子的表率

不知道家长们是否认真思考过这样一个问题：孩子之所以会有很多的不良表现，都是因为"榜样"的原因。孩子可以挑选学校，挑选老师，挑选班级，唯独不能挑选父母。以孩子打人为例，有关机构做过研究，有些孩子到了青春期，尤其是男孩子，碰到一些事情不顺自己的心意就大打出手。调查这些孩子的家庭背景，75%的孩子从小所受的就是"简单粗暴"，"动辄打骂"的教育。在打骂中长大的孩子，会认为只有武力才能够解决问题。所以，当他和他人发生争执的时候，也会不自觉地举起自己的手，对别人使用武力。

所以，为孩子做点牺牲，少玩一会，少看点无聊的马拉松电视剧，让孩子安心读书，不应该吗？家长对自己放任，不喜欢学习，打麻将、玩扑克，通宵达旦；有的迷恋跳舞、酗酒、赌博，彻夜不归……己不正，焉能正人？孩子就像一张白纸一样，你教什么，他就跟着学什么。父母作为孩子的"榜样"，要学会自我反省，遇到问题先要找寻自身原因，然后再与孩子真诚交流、沟通。

★ 是否实事求是地为孩子考虑

很多家长的毛病是期望值高，但是抓不到点子上。盲目性充斥在家长的行为中，如盲目和其他孩子攀比，望子成龙；只问结果，不问过程，容易失望，于是搞"反面鼓励"，又用不好激将法，便走向另一极端；心理暗示变成了滥施压力，搞得孩子心怀不满，敢怒而不敢言，以至精神恍惚，效果更差。家长不研究孩子学习不好的原因，只顾训斥打骂，形成恶性循环。于是孩子采取破罐破摔的态度，形成严重对立。这就是因为家长没有充分考虑自己孩子的实际，应该知道：只有切实可行的目标，才能够对孩子起到督促和鼓舞的作用。

7 了解孩子的另类语言

 情景模拟

孩子:"我们班一个同学真恶心,整天对老师PMP!"

妈妈:"什么是PMP?"

孩子:"就是'拍马屁'的意思啦!"

妈妈:"现在你们是越来越不好好说话了,我看再这么下去,我就完全听不懂你在说什么了!"

孩子:"酱紫啊……"

妈妈:"你能不能好好说话!"

孩子:"老土!"

 智慧点拨

越来越多家长发现,孩子嘴里不时吐出的字眼让自己搞不懂,他们担心:孩子动不动就"886"、"稀饭"、"虾米"地不好好说话,这会不会影响社会交往?要是把这些网络词汇用到作文里,老师看不懂怎么办?一位妈妈曾担心地说:"孩子张口就是一些奇怪的词语,我们根本就听不懂那些话,很奇怪,为什么好好的'为什么',孩子要说成'为虾米',好好的'这样子',孩子要说成'酱紫',真是觉得莫名其妙。"

但更多的父母则担心自己与孩子无法交流。一位爸爸曾说:"儿子今年16岁了,经常会冒出一些自己听不懂的词汇,有时候真觉得自己老了,跟不上时代了。这样下去,真担心自己无法跟儿子交流、谈心。"

相信许多成年人会对一些另类文字看不太懂,但是,孩子们却乐在其中。其实,孩子们只是用这些另类的语言来体验时尚的感觉,排解学

习的压力而已,父母不用过于担心。

网络语言是一种新鲜的语言,而孩子们是最容易接受新事物的。

中国社会科学院语言研究所一些专家认为,网络语言是一种语言实践,能在学生中间风靡,就说明它是有生命力的。但是,如果用网络语言写出来的东西大部分人都看不懂,影响了沟通,就失去了语言的意义。同时,父母应该用宽容和理解的心态看待这种现象。纵观历史,人类的每一种新文化的兴起都会带来一些新的词汇。远的不说,比如近年国内兴起的股民专用术语,熊市、牛市等词汇已经远远超出了股市的运用范围。现在的小孩,都是从读图时代长大的,他们需要更加简单、形象的交流工具。网络语言的产生与其说是迎合了新一代的需要,倒不如说是语言发展的必然。

既然"另类语言"可以增加沟通的乐趣,父母为什么不学习一些新鲜的词汇,主动使用一些健康而又有意思的词汇来促进亲子沟通呢?

★ 作为家长,要理解并宽容孩子的另类语言

有时候,孩子运用另类语言来表达,只不过想传递一种夸张的态度,比如,"帅呆了!""你真是美眉哦!"只是这种态度与传统的表达方式相比较有些夸张而已。作为父母,用不着呵斥或者制止孩子。如果父母持反对的意见,孩子会认为父母是"太老土"、"老古板",就会在无形中和父母产生一种距离感,父母要想融入到孩子当中就会感觉很困难,跟孩子谈心时就更吃力了。

★ 父母要主动学习并使用一些另类语言

当孩子发现父母也在有意识地学习和使用这些"新新人类"使用的另类语言时,孩子会觉得自己与父母的距离一下子缩短了,亲子沟通就会畅通很多。

三、避免与孩子发生冲突

有人把青春期喻为人生中的"急风暴雨"期,叛逆、倔强、不服管的少男少女和父母的冲突一触即发,而每一次的冲突无疑会将孩子与父母的距离越拉越远。有些孩子在冲突过后甚至会夺门而出,去网吧、去迪厅,甚至彻夜不归……如何避免与孩子发生冲突成为父母在与青春期孩子相处时的必修课。

1 冷静地对待孩子的气话

情景模拟

妈妈："今天你去学英语了吧？老师怎么说的？"

孩子沉默。

妈妈："你倒是说话啊，就只会吃饭！"

孩子："你烦死了！我不吃了！"

妈妈："我看你才烦人呢！成天就只知道吃、玩，不求上进！我管你吃，管你住，你竟然这么没有良心，那好，从今天起我就不管你了，让你一个人上街讨饭！"

孩子："讨饭就讨饭，讨饭也比现在强！"

妈妈："你……"

智慧点拨

每一位父母都为孩子操尽了心，为孩子省吃俭用，给孩子用最好的东西，吃最好的食物，让孩子接受最好的教育，但是，很多孩子却不领情，尤其到了青春期，已经敢"公然"和父母对着干了！

很多父母为此很伤心，认为自己"白养"了这个孩子，其实，这也是由于孩子青春期的心理发展的原因而造成的。青春期的孩子，由于其介于"孩子"和"成人"之间的身份临界点，他们不知道怎样恰当地来表示自己的不满，是像孩子一样撒娇耍蛮，还是像成人一样平心静气地沟通。于是，大部分孩子选择了用赌气的方式。实际上，如果父母认真思考孩子的话，就会发现话中有话。父母大可不必为孩子的气话而伤心，因为孩子说此话时根本没有恶意，他们只是用来发泄心中的不满，仅此而已。

但遗憾的是，许多父母听到孩子对自己说赌气的话时，尤其是当孩子对自己说："我讨厌你"或"你真烦"时，父母觉得自己的威严荡然无存，于是，许多父母失去了理智，企图用孩子的弱点来打击孩子，甚至用物质的形式来要挟孩子（如减少零花钱等），这样做的结果往往是让孩子缺乏安全感，伤害了孩子的情感。孩子会想，原来父母是这么讨厌他，甚至不愿意再供养自己；孩子还会想，原来只要用物质条件满足一个人的要求，这个人就不应该讨厌自己，否则他就是不对的。如果是这样，亲子之间的冲突会越来越严重，父母就很难再了解孩子内心真实的想法。

那么，如果上面例子中的妈妈能够换一种方法，结果会是怎样呢？

妈妈："你为什么嫌我烦？"

孩子："你总是强迫我去学英语，其实我现在的水平根本跟不上那个课程。今天上课的时候，因为我回答不出老师的问题，老师就当着全班同学的面批评了我。"

妈妈："原来是这样，怪不得你今天不太高兴。"

孩子："妈，我能不能不去学英语了？"

妈妈："如果你一直不去学，那么永远不会有进步。你要知道，现在你处在学习的关键时刻，要努力一下，拼搏一下！"

孩子："嗯。"

妈妈："不过妈妈也有疏忽，居然没有想到你会跟不上学习进度，对不起啊！"

孩子："没关系。"

妈妈："这样吧，妈妈给你报另一个级别的英语班，让你可以跟得上学习的进度。"

孩子："好。"

当家长站在孩子的角度，耐心询问孩子之后，才能真正了解孩子说气话的原因。让孩子说出自己真实的想法，冷静对待孩子的气话，不仅避免了亲子之间可能产生的冲突，而且会让孩子感觉到家长对他的理解和尊重。

★ 冷静对待，切忌发火

面对孩子的气话，父母一定要冷静对待，千万不可与孩子较劲，尤其是不要大动肝火，这不仅不利于亲子关系，而且不利于问题的根本解决。

★ 认真思考，查找原因

父母要认真地想想，孩子为什么会说这样的话呢？是不是自己的某些做法让孩子感到不满意呢？在这种情况下，父母要学会"不耻下问"，问孩子："为什么你会说这样的话？""你觉得我哪里让你讨厌？""你为什么会有这样的想法？"只有父母主动询问，孩子才会有意识地把真正的原因说出来。如果父母真的能够做到冷静对待孩子的气话，就能够更深入地了解孩子说气话的真正原因。

★ 调整自身，重归于好

如果孩子所说的确属实，父母就应该查找自身的错误，勇于向孩子承认错误并改正，让孩子的正当想法和要求能够得到满足，从而化解亲子之间可能存在的沟通障碍。

❷ 避免使用易产生冲突的字眼

 情景模拟

妈妈:"把房间收拾一下吧,脏袜子扔得到处都是……"

孩子:"嗯,等会儿,看完这个节目。"

妈妈:"等什么等,赶紧去。如果你不马上收拾屋子,下个星期你都不许看电视。"

孩子:"你怎么这么霸道啊,不看就不看好了,反正每个星期只有周末可以看两个小时。我就是不爱收拾屋子!"

妈妈:"你……"

 智慧点拨

青春期的孩子有时候就像一点就着的火药,一些字眼虽然很简单,但如果在某些时候说出来,却足以挑起父母和孩子之间的冲突。如果父母能够了解在与孩子的沟通中,哪些话可能引起冲突,就可以用其他更能够鼓励合作和了解的措辞来替代那些字眼,使父母与孩子的沟通更加顺畅。

大部分可能会引起冲突的字眼,一般会出现在句首或接近句首的地方。以下是两个看似无关痛痒,却最容易引起孩子内心冲突的语词。

★ "如果你……"

"如果"通常会紧接着"你",若被父母当成威胁来对孩子使用,就会挑起父母与孩子之间的冲突,例如:

"如果你不把作业做好,我就会把你的漫画书扔掉。"

"如果你不好好爱惜你的衣服,我就再不给你买新衣服了。"

许多孩子会把威胁当成一种挑战,而且他们会重复引起父母发出威胁的行为,来测试父母的决心。通常,父母发出的那些威胁都不可能真正付诸实践,而如果父母没有执行他们的威胁,孩子就不会再认真看待父母说的话。

另外,不合理或太夸大其词的威胁,尽管会给孩子一个强烈的信号,让他们明白父母不支持他们的某些行为,但是并不能让孩子了解他的行为可能导致的真实后果,因此也达不到父母所期望的教育效果。

替代选择

父母应该避免使用"如果",而改用"一……就……"或"只要……"。这些句子在孩子听来,会感觉比较正面,而不会感觉包含着很多处罚的意味在里面。用"一……就……"或"只要……"的句型,能鼓励孩子保持理性,并让孩子清晰明了可以执行的结果,从而使孩子更乐于遵从:

"你把作业做好,就可以看漫画书了。"

"只要你把外套挂好,我们就可以吃晚饭了。"

★ "为什么你总不……"

"为什么"也很容易挑起父母与孩子之间的冲突,尤其是在"为什么"后面紧接着"你总不"的时候,例如:

"为什么你总不把自己的东西收拾好?"

"为什么你总不听话?"

这些问题没有答案。事实上,父母并不是要问"为什么",父母期望得到的只是一个合理的答案,然而在孩子看来,父母实际上是在责备或批评他。当孩子觉得自己被父母指责时,是不可能合作的。

另一个"为什么"这个词常见的使用情形,是在"你为什么……"当中,例如:"你为什么打你的同学?"这种说话的方式糟糕的地方在于,这些对孩子整体个性的描述,是他无法改变的部分,对孩子来说,意味着对他整个个性的全部否定;而如果父母在要求孩子时,只使用对孩子客观行为的描述,则是他可以有所控制的部分,他也更愿意接受并作出改变。指责总是会让人心理上产生抵制和防备(孩子和大人都一样),而一个心理上有抵制和防备的人,其改善自己行为来取悦别人的动机就会不足。

替代选择

父母可以把那个没有用的"为什么"拿掉,把问题变成一个清楚、明确、坚定,只涉及孩子正在进行的行为本身,而没有指责的陈述,例如,父母可以这样说:

"你必须把玩具收进玩具柜。"

"不可以打人。"

3 变"对抗"为"对话"

 情景模拟

孩子:"周杰伦唱的歌挺好听的,我很爱听。"

妈妈:"不好好学习,听什么歌呀。做'追星族',都是学习不好的学生才做的事情。"

孩子:"我爱听歌,并不代表我就是'追星族'!就算我是'追星族',也不代表我就没出息。您什么意思啊?总把我想得那么差!"

妈妈:"怎么,我说得不对吗?你是学生,学生的本分就是把学习搞上去。成绩要是不好,你就是追多出名的明星,也没有人会看得起你!"

孩子:"学习学习,我看我要是书呆子您就满意了!"

 智慧点拨

一般来讲,孩子进入了青春期,父母也就步入了中年。这个年龄的父母,由于工作、生活压力很大,面对孩子往往会心急气躁,经常会忍不住向孩子发火,而这时的孩子,恰好是叛逆情绪最突出的时候,父母的方式稍有不当,他们就会产生抵触与对抗的情绪,这对平衡亲子关系及开展正常的家庭教育都是十分不利的。

许多父母都感慨,孩子越大越难管教,什么事都喜欢与自己对着干。你让他看书,他偏要玩游戏;你为他烧了喜爱吃的菜,他又偏说现在喜欢的是另一个菜;当他挑灯夜战苦读时,你关心地问候几句,他不仅不感激父母的舐犊之情,反而嫌你烦,让你快点离开。父母有些纳闷:孩子怎么都这么没良心呢?

其实不是孩子变得没有良心了,而是他们正经历着成长中的特殊时期——青春期。这个时期的孩子,最明显的特征就是反叛。

父母应该明白，孩子的叛逆有时只是他们自己的心理同生理状况在作战。他们的身体已经长大，这让他们自己觉得有足够的力量可以离开父母独立，而经济上他们依旧需要依靠，这又迫使他必须留下。两种力量经常打架，叛逆的孩子就这样产生了。孩子在同父母争吵之后，他们往往会偷偷用眼角看家长，看家长有没有被气坏。

反叛与对抗是孩子在成长过程中，必然要经历的反应，然而，这种情绪对孩子的健康成长是十分不利的。有对抗倾向的孩子，常把自己摆在与他人对立的位置上，既不利于人际关系的良好发展，又容易在心理上产生孤独、寂寞感。假如这样的情绪十分严重，得不到正确的引导及纠正，就很容易使孩子养成畸形的性格。对抗会让他们对任何人都不满意，会让他们以恶劣的态度对待周围的同学或老师，会让他们失去朋友。而没有了正常的交往的圈子，反过来又会加重他们对周围人的敌对态度。这是个恶性循环的怪圈，一旦踏入则很难走出来。

因此，父母们必须重视孩子的对抗情绪。平日里的沟通是化解对抗情绪的最佳方法。常常与孩子进行交流不但可以使双方了解彼此的想法，及时消除误会，而且还能沟通感情，融洽关系，建立信任。

★ 家长要心平气和

在与孩子进行沟通的时候，或许会遇到一些困难，不容易与孩子交心。这时候，父母一定要心平气和，更要放下架子，站在孩子的角度看待他们，与他们平等对话。只有这样，才可能换取他们的理解与信任，才可能变"对抗"为"对话"。平等对话是十分重要的。很多时候我们之所以觉得孩子的行为不可理喻，就是因为没有站在孩子的角度看问题，因而造成了误会。

★ 尊重是良方

消除孩子的对抗情绪，尊重是最好的方式。尊重孩子，意味着父母要认真地听孩子的意见，大人有大人的想法，孩子也有孩子的想法，由于所处的地位不同，这两种想法有时并不一致甚至会相互冲突。为此，家长要给孩子充分发表意见的机会。孩子的意见并不都是荒谬可笑的。吸收其中合理的成分，家长会赢得孩子的信赖与拥戴。尊重孩子，也意味着给孩子一定的自主权。

4 别总拿孩子与别人比

 情景模拟

妈妈:"明天开始去补习班吧?"

孩子:"为什么?"

妈妈:"你瞧瞧隔壁王永,成绩那么好,就是去的那个补习班。"

孩子:"他爱去他的,我不去。"

妈妈:"你这孩子怎么这么不要好呢?你的成绩要是跟王永一样,去不去随便你!也不看看自己现在的水平,心气儿倒高得很……"

孩子:"他好,你认他当儿子啊!"

妈妈:"你……"

 智慧点拨

生活中,每个孩子难免会表现出一些小毛病,比如磨蹭、挑剔、好动等,这些小问题虽不严重,却常常把父母折腾得够呛。而父母在面对这些问题时,往往会把孩子与心目中的"好孩子"作比较,"你看看某某,人家多好……"父母之所以会这么做,是因为他们认为没有比较就不会有进步,认为这样做可以激励孩子。殊不知,孩子的尊严却在父母这样的"激将法"下牺牲了。

无疑人生是有比较才有竞争,但若一个人的竞争对象是自己四周的人,在班级内要打败其他同学,在同事当中要踩低所有人,那么这个人的一生会很痛苦,到哪儿都会是四面楚歌。做父母的需要鼓励孩子有适当的竞争,但更需要帮助孩子弄清楚竞争的对象。竞争的对象如果是自己,则要胜过自己,才能到达更高的水平。在这个过程中,有时可能要与别人竞争，但主要目标不是别人，而是自己。唯有在这种心境下，孩子才可以保持良好的竞争心态。

父母在管教孩子时应多关注孩子的优点，即使孩子有缺点，也没有必要动不动就拿他和别人比较。这在大人看来没有什么，对孩子来说却意味着尊严尽失。这种"激将法"会使父母在孩子心目中的形象降低，造成孩子对父母的不信任甚至逆反。

有这样一个被人们传为美谈的故事：

在杜鲁门当选总统后，一天，一位记者来拜访他的母亲。

记者笑着对杜鲁门的母亲说："有哈里这样的儿子，你一定感到十分自豪！"

杜鲁门的母亲微笑着说："是这样的。不过，我还有一个儿子，他同样让我感到非常自豪。他现在正在地里挖土豆呢！"

杜鲁门的弟弟是一位农夫，但是，母亲并没有认为这位做农夫的儿子是无能的。对她来说，每个孩子都令她感到自豪，无论儿子是总统还是农夫。

在接受记者采访时，杜鲁门的弟弟是这样评价哥哥和自己的："我为哥哥感到骄傲，他将是美国最优秀的总统之一。但我同时也为自己感到骄傲，我是一名农夫，用自己的双手养活自己，照顾了父母。"

每个孩子都有长处和优点，家长们不能只凭长相、成绩等某些方面就认定自己的孩子不如别人，更不能紧扣住所谓的"缺点"不放，一个劲地拿别的孩子来与之对比。这样，只会过度"激将"，伤害孩子的自尊心。父母应该善于发现孩子的优点，相信自己的孩子是优秀的，把赞美留给自己的孩子，让孩子在家长的赞赏声中发扬自己的长处，弥补自己的不足。

★ 不去比较，但给孩子树立榜样

把自己孩子的缺点和别人家孩子的优点进行比较，甚至将别的孩子过度美化，会给自己孩子带来巨大的伤害，影响孩子一生，但是，这并不是说，家长就不应该指出孩子的缺点，一味地褒奖孩子。正确的做法

是，适时地为孩子树立榜样，让孩子自己找到不足，激励自己进步。

★ 父母要帮助孩子一起分析原因

父母应客观地、诚恳地为孩子指出他们的不足，平心静气地为孩子疏导消极的情绪，帮助孩子树立面对不足、克服不足的信心，随时激励孩子的上进心。例如："你和他是有一点距离，主要是因为他比你更努力，更爱钻研，但是你要有自信，因为如果你努力一点，完全有能力像他一样，甚至超过他！要更加努力地提高自己，知道吗？"

★ 以一颗平常心对待孩子

不管孩子是否优秀，做父母的都应该以平常心来看待孩子，只有把孩子当成一个平凡的人来看待，才能从内心去感受孩子的优点，发现孩子与众不同的地方。

5 表达对孩子的同情

情景模拟

妈妈:"婷婷,你回来啦!"

孩子不回答,走进房间,关上门。

妈妈:"婷婷,怎么了?"

孩子:"我不能参加作文比赛了……"

妈妈:"哦?不是说有你参加的吗?怎么突然没有了呢?"

孩子:"老师让另一个人顶替了,老师偏心。"

妈妈:"这关老师什么事儿,这只能说明你还不够优秀,坚强点,快出来吃饭了。"

孩子:"可是,妈妈,我吃不下……"

妈妈:"我女儿这点挫折都受不了吗?"

孩子:"不是的,我……你们吃吧,我不吃。"

智慧点拨

青春期的孩子处在人生敏感的阶段,这个阶段里,他们容易受到各种挫折和打击,并且很有可能自己无法调节。父母要在孩子哭泣、难过的时候,理解孩子脆弱敏感的心灵,用同情的方式,让孩子感受到来自父母的关心和支持。

如果婷婷的妈妈用另一种方式来处理,效果可能会有很大的不同:

妈妈:"婷婷,你回来啦!"

孩子不回答,走进房间,关上门。

妈妈:"婷婷,妈妈可以进来吗?"

孩子:"等一会儿,妈妈。"

妈妈:"婷婷,妈妈好像听见你在哭,哭得挺伤心的,是不是遇到什么事情了?"

孩子:"我不能参加作文比赛了……"

妈妈:"哦?不是说有你参加的吗?怎么突然没有了呢?"

孩子:"老师让另一个人顶替了,老师偏心。"

妈妈:"婷婷,妈妈知道你是有实力去参加比赛的。但是,你不能仅凭自己的猜测,就断定老师偏心别人。即使真是那样,那名同学能笑到中考吗?我相信我的婷婷能够在中考中证明自己。"

孩子:"嗯……"

妈妈:"你有信心吗?"

孩子:"当然有,我一定能在中考中取得好成绩!"

在妈妈的劝导下,女儿的沮丧情绪消失了,自信又回来了。

在孩子哭泣的时候,其实只要家长留在孩子身边倾听他,不打断他的哭泣,他的烦恼会随着哭泣逐渐消散,哭泣也会随之停止。孩子在哭泣时,低落的情绪往往会让孩子的自信心受到极大的损伤,父母的任务就是用心感受孩子的情绪,并帮助孩子迅速从沮丧的情绪中摆脱出来,恢复自信,激发孩子努力上进的斗志。

★ 父母要对孩子表示自己也有同感

明智的父母会摆脱自己对问题的看法和感情,设身处地为孩子着想。比如,"妈妈知道你现在肯定很难过,要是我也会很难过的"或者"我知道别人这样对待你让你感到难堪,我也经常遇到这种事情"等。

如果父母对孩子表示同感,就能感觉到孩子情绪的波动,并将自己对实际情况的看法告诉孩子,让孩子从父母的经验中获取处理事情的办法。然后,父母可以这样引导孩子:"尽管我理解你的心情,但是,我认为你的处理方式不太妥当。""我知道你在情绪激动的时候不容易控制自己的行为,但是,这种行为会对别人造成伤害,因此这是不允许的。"这样,孩子就会很容易接受父母的意见。更重要的是,孩子因为得到父母的理解,会主动打开心扉,向父母倾诉内心的想法和感受。

★ 父母应注意行为语言

在表达对孩子的同情时，可以正面对着孩子，或身体略向孩子倾斜；眼睛看着孩子，用慈爱的目光注视着孩子，并且面部表情和语调都是和蔼的。这些都会给孩子一种亲近感，孩子会从父母的行为中感受到关心和同情。

当然，父母在倾听孩子说话时一定要专心，必须集中注意力，可以选择在一天中不忙的时间和地点，听孩子说话。在这个时间段中，不要做饭，也不要干别的家务活，关掉电视、电话或其他分心事，用眼睛注视孩子，表示自己是在真心与孩子交流。

6 当孩子埋怨时要多忍耐

 情景模拟

孩子："你怎么才来接我，我都等了半个多小时了。"

妈妈："我一下班就急着来接你了，你还嫌晚了！"

孩子："我又没让你每天来接我，你自己不放心我一个人回家……"

妈妈："你倒还埋怨起我来了，好心当成驴肝肺。"

 智慧点拨

许多父母都会说："我家孩子真是没良心，我总是替他考虑，什么事都为他好，而他不仅不领情，还总是埋怨不停，想想真不愿意替他做那么多事。"实际上，像这样的父母确实很多。父母习惯于埋怨孩子这个做得不好，那个做得不行，却容不得孩子对自己的埋怨。有些父母在孩子埋怨自己时，往往"龙颜大怒"，恐吓孩子："你竟敢这样对我说话，你给我滚，我没你这样的孩子！"结果，即使不会出现大吵大闹的情况，也总是冲突不断。

薛飞的父母平时因为工作很忙，总没有时间带薛飞出去玩。今年，妈妈决定利用"十一"假期带薛飞去黄山。

到了黄山，薛飞来了精神，他提出要与妈妈比赛爬山。妈妈怕爬山有危险，再说薛飞也不一定能爬完全程，因此决定坐缆车上去。最后还是妈妈说了算，薛飞觉得没有意思。

到了山下时，薛飞想买点纪念品送给同学们，妈妈不让薛飞自己挑，弄得薛飞非常郁闷。

后来，妈妈又领着薛飞拜访了许多朋友，薛飞觉得完全与自己无关，所以玩得一点也不开心。

回来后，妈妈问薛飞玩得开心吗？薛飞没好气地说："以后要出去你自己去好啦，我不会再跟你出去玩啦！早知这样我才不跟你出去呢！"

妈妈唠叨说："如果不是因为你，我就不安排这次出行了，到头来自己累不说，你小子还不领情！"

薛飞顶撞妈妈说："你一点都不管我的感受，完全由你随意安排，还说为了我，真是强词夺理。"

为此，妈妈和薛飞很长时间都不太说话。

孩子是个独立的个体，尤其是青春期的孩子，他们具有自己的思考能力，所以，在孩子自己的事情上，父母应该和孩子商量讨论，倾听孩子的意见，而不要一味地替孩子做决定。否则，往往会出现孩子埋怨父母，父母又觉得孩子不能理解自己的苦心的情况，造成亲子之间不必要的隔阂。

★ 学会忍耐

孩子埋怨父母时，父母不要简单地斥责孩子，而是要以忍耐的方式，去理解孩子，弄清楚孩子负气怨恨父母的原因，认真倾听孩子的意见和建议，听懂孩子要表达的意思，让亲子之间的沟通畅通无阻。

比如，"我知道你对我的做法不满意，请你告诉我具体哪些做得不好？""你希望妈妈怎样做？""妈妈希望与你保持良好的关系，因此，我希望你把你的要求告诉我，而不是不停地埋怨。"

有时孩子会埋怨菜不好吃啦、天太热了等。父母听了往往会生气，会责怪他们挑剔，身在福中不知福。孩子呢，自然会顶撞，使得双方都不愉快。其实面对孩子的埋怨，跟他们争辩是毫无用处的。父母应该顺着他们的意见，和颜悦色地去听。这不是纵容他们，相反是为了寻求解决的途径。这样做，孩子心情愉快，又解决了问题，有什么不好呢？

有一次，一位母亲辛辛苦苦地买菜做好了饭，女儿还说不好吃。当时这位母亲真的很生气，很想臭骂女儿一顿来泄气，但是她最终忍住了。她对女儿说："是不是太淡了，不合你的口味？好！等一下，妈妈

重新烧一下。"女儿就说:"妈,您别忙了,其实也可以吃的。"这样母女皆大欢喜。

父母应该主动放下架子,耐着性子来引导孩子处理事情,同时,努力通过情感沟通来促进亲子关系。这样,孩子就会少埋怨,父母就能够得到孩子的理解与信任,享受浓浓的亲子情感。

★ 寻找突破口

下面一位屡遭孩子埋怨的父亲,是这样寻找到突破口,走出亲子关系紧张的阴影的。

有一位父亲,由于工作所限,从来没出过远门。小时候,儿子对父亲很崇敬,因为在儿子眼里,父亲似乎无所不知。

儿子上了中学,有点看不起"没有见过世面"的爸爸,在家里也很少和爸爸说话,有时爸爸给他买的东西不称他的心意,他还埋怨爸爸一点品味都没有。对于儿子的埋怨,爸爸并不辩解,也不生气。

暑假到了,爸爸正好休假,他决定利用这个假期和孩子一起去旅游,以此来改善父子之间的关系。

这天晚上,爸爸对儿子说:"爸爸想跟你一起外出走走。我没有出去过,由你带队,到哪儿去,坐什么车,住什么店,玩什么,全听你的!"

儿子非常兴奋,立刻找来地图、列车时刻表,精心地制定了旅游计划。

这一路上,买车票、找旅店、联系旅游点全由儿子去办,爸爸几乎什么事都不做。在整个旅途中,爸爸感到从没有过的轻松;儿子也感觉到父亲的宽容与大度,认识到自己以前对父亲的不恭是不对的,并主动向父亲道了歉。

从此,父子成了无话不说的好朋友!

人与人之间必定会产生一些冲突,朋友是如此,夫妻是如此,父母与子女之间也是如此。埋怨往往是亲子冲突的一种显性表现。一旦孩子出现对父母埋怨的情绪,首先父母一定要忍耐,其次要主动寻找突破口,对症下药,主动解决问题,化解孩子的埋怨情绪,修补好亲子关系。

7 释放孩子的委屈情绪

 情景模拟

妈妈："怎么今天晚饭吃这么少？"

孩子："没事。"

妈妈："不可能没有事，不然怎么吃这么少。"

孩子："真没事，你烦不烦啊！"

妈妈："你要是不说，我就打电话问你们老师了！"

孩子："你怎么什么都要管啊，我只是在学校里受了点委屈，小事，我自己能解决好不好？"

妈妈："小事也值得你对我大呼小叫的，还嫌我烦……"

孩子："不和你说了，请你出去好不好？"

 智慧点拨

孩子在学校受委屈是比较普遍的问题。学校是一个小社会，那么多孩子在一起难免会发生一些摩擦，而且，由于孩子们都来自不同的家庭，有不同的性格和想法，孩子们在处理同学之间的关系时，必然会出现不同的意见和行为，某些同学占了便宜，某些同学受了委屈。这都是非常正常的，关键是父母怎样帮助孩子，对孩子进行正确的心理疏导，才不至于影响孩子今后的学习生活。

李小萌今年上初二了。她从小活泼开朗，心地善良。上小学时，基本上没让父母太操心。自从上了中学之后，好像心事多了，情绪也变得复杂了。

有一天傍晚,李小萌放学后一直不高兴,还十分反常地跟妈妈发脾气。

后来,妈妈才弄明白,原来白天在学校做作业时,李小萌因为拿橡皮不小心碰到了正在写字的同桌,虽然李小萌连忙说"对不起",可是,那位男同学还是一拳打了过来。

当时老师没有看见这一幕,李小萌觉得这种事情不应该和老师报告,但是,李小萌却觉得自己很委屈,于是只好在家里来发泄了。

孩子受了委屈以后必然很难过、很伤心,父母要对孩子进行心理疏导,帮助孩子分清是非对错。这时该怎样对孩子进行心理疏导呢?

★ 释放孩子的委屈情绪

当孩子觉得委屈时,爸爸妈妈要及时了解他们委屈的原因,让他们的情绪得到释放,这样才能帮助他们形成健康、乐观的心态。但要注意了解时的语气和态度,不然会像一开始的对话里一样,让孩子在心理上产生排斥情绪。

★ 接纳孩子的情绪

当孩子受委屈时,能够将不快宣泄出来,是件好事。应该允许孩子通过适度哭闹的方式宣泄自己的情绪,之后,再好好地去安慰孩子,设法使孩子的情绪在爆发后能够渐渐平静下来。但是,安抚孩子不应该是无条件地顺从孩子。如果毫无原则地一味迁就孩子,则不能真正解决孩子的问题。

★ 让孩子诉说

当孩子的情绪平静下来以后,让孩子主动述说事情的原委,当孩子提及自己的感受时,鼓励其说出为什么会有这样的感受。父母要仔细聆听,可以心平气和地从不同的角度假设几个问题问孩子,引导孩子从另一个角度看问题。

美琴回家后就闷闷不乐。

吃晚饭的时候,妈妈看出了女儿情绪低落,忙问道:"孩子,怎么了?是不是遇到什么麻烦事了?"

美琴一听,眼泪就"唰"地流了下来。

"不要哭,跟妈妈慢慢说。"

"今天老师给我们重新安排座位……班上有一位叫小怡的女生,性格比较内向,因为家里穷,穿得也很寒酸,大家都不喜欢她……原本,她与一位男生同桌,因为老受那位男生的欺负,老师要安排女生跟她同桌。起先,老师安排别人跟她同桌,但是,人家都不愿意,最后,老师让她跟我同桌。我也不愿意,可是我不好意思说,也不敢当众这么说。现在倒好,我就成了冤大头,整天跟她坐在一起……"美琴抽泣地说道。

"哦,原来是这样,那你一定觉得非常委屈吧?"妈妈说。

"是呀,为什么偏偏是我呀?"美琴的眼泪又流了下来。

"妈妈知道你心里不好受,你觉得跟一个大家都不喜欢的人坐在一起,也会受到大家的讨厌,是吗?"

"是呀,已经有同学说我闲话了。"美琴委屈地撇了撇嘴。

"那小怡的学习成绩怎样?"

"她学习倒挺好的,因为没人愿意跟她玩,她就整天埋头学习。老师挺喜欢她的。"

"瞧,人家小怡也不是什么人都不喜欢她,老师还喜欢她呢,是不是?"妈妈接着说,"我知道我们美琴是个活泼的孩子,喜欢与人交往,这是你的长项,你可以帮助小怡多与人交往,让大家都喜欢小怡,这样不是很好吗?"

"可是,小怡这个人不爱说话,很小气,没人喜欢她。"

"她为什么小气?为什么不爱说话?是不是因为家里穷?"

"是的。"

"那就是你们的不应该了。你应该告诉大家小怡的情况,大家不应该鄙视小怡。"妈妈说,"其实,妈妈认为,你跟小怡一起坐,对你有很大的帮助。"

"什么帮助?"

"她不是学习成绩好吗?你跟她坐在一起,多虚心地向小怡请教,小怡因为没人跟她说话,只要你愿意与她交往,她就会喜欢你,会把她的

学习方法告诉你,这样,不仅你和她的关系能够改善,而且你的学习成绩也能够不断提高,你说是不是?"

"好像是,可是,我不好意思向她请教……"

"有什么不好意思的,你想想,同桌之间就应该互相帮助,你帮助她提高人际交往能力,她帮你提高学习成绩,这不正好吗?"

"那我试试吧!"美琴的情绪渐渐好转了。

在接下来的几天,美琴果然主动地向小怡请教问题,而小怡也会耐心地告诉她,结果两人成了好朋友,其他同学也渐渐喜欢上了小怡。美琴的学习成绩也提高了,还受到了老师的表扬。

★ 提高孩子的心理成熟度

孩子在成长过程中难免会遇到这样那样的小挫折,父母要提高自己孩子的心理成熟度,要让孩子学会合理调节自己的情绪,而不是一味地觉得委屈。

另外,孩子受点委屈是很正常的事情,父母一定要控制自己的情感,不要一味地替孩子打抱不平,想让孩子处处占上风。明智的父母要引导孩子克服委屈的情绪,让孩子学会正确处理事情,从而养成乐观而通达的好性格。

★ 让孩子正视人与人之间的摩擦

父母可以给孩子讲解一些人际关系,让孩子明白在人与人相处的过程中,产生摩擦是必然的,受点委屈是正常的。

比如,父母可以给孩子讲一些自己小时候或者自己在工作中发生的类似的事件,这样,孩子的注意力就会从自己的事情中摆脱出来,转而集中在其他的事情上。这时候,父母可以引导孩子深入思考一些现实的问题,如"你觉得一个人事事顺心有可能吗?""要是每个人一受到委屈就大吵大闹,那么事情会有什么样的结果?"

在与孩子交谈的过程中,父母要注意自己的态度,不要居高临下,要像朋友一样,并且信任孩子对这件事情会有一个正确的认识态度,能够自己处理好。

★ 父母要关注事情的发展

虽然我们提倡在孩子受了委屈时应该让孩子自己去处理，因为这样能提高孩子的人际交往能力和处事能力，但是，这并不是说父母不用关注这件事情了；相反，父母应该认真关注这件事情的发展和结果。

如果孩子在处理某件事时很理智，父母应该及时给予肯定；如果孩子自己无法处理某件事情或者其他同学对孩子的行为还是比较野蛮，父母就应该让孩子与老师联系，让老师出面来处理，并让孩子懂得，任何野蛮的、攻击别人的行为都是不能纵容的。

8 帮助孩子排解烦恼

情景模拟

孩子:"真烦,临近期末考试了,老师却让我参加元旦演出,那我考试怎么办呀!"

妈妈:"这点事就觉得烦了?妈妈整天既工作又要干家务,也没觉得烦!你这孩子真是的。"

孩子:"你不是让我期末考试保持前三名吗?你以为有那么容易呀?现在再加上元旦演出,我怎么可能考出好成绩呀?"

妈妈:"怎么不可能?自己考不好别怪什么演出!"

孩子:"那好,你别怪我给你考个不及格回来!"

妈妈:"你……那要不跟老师说说,咱不去元旦演出了,你觉得呢?"

孩子:"要说你去说,我可不敢!"

妈妈:"行,行,你这个小祖宗,总是要我这个当妈的替你擦屁股!"

孩子:"谁叫你让我保持前三名的。你活该!"

妈妈:"你……你读书到底是为了谁呀?我还不是为你好……"

孩子:"真烦人!"

智慧点拨

案例中的这位妈妈看上去处处替孩子着想,但其实她并没有真正替孩子排解烦恼,而是让孩子以逃避的方式来解决问题。尽管表面上看来,这件事似乎处理好了,但是,妈妈并没有真正了解孩子的真实想法,也并没有真正帮助孩子调节她的情绪。

在孩子的成长过程中,尤其是在青春期,总会遇到许多这样那样的烦恼。孩子一般遇到的烦恼有：

1. 受到批评或误解。
2. 受到不公正的待遇或老师的不信任。
3. 受到同伴欺负。
4. 身体不舒服。
5. 丢了自己心爱的物品。

烦恼的表现为：

1. 情绪低落。
2. 感到很伤心和委屈，甚至气愤与无助。
3. 不爱说话，喜欢一个人呆着。
4. 逆反心理严重，想干什么就干什么，胡乱发泄。

既然烦恼是人生的一部分，父母要教给孩子的就是排解烦恼的方法，在这个过程中，父母要鼓励孩子，支持孩子，时刻让孩子感受到父母的关爱和指导，这样，亲子之间的感情才能不断升华。

下面这个案例中的爸爸就处理得非常好。

高凡从小品学兼优，一直是班干部。进入中学后，老师仍然让高凡当班长。当班长后，高凡每天忙得不可开交，老师经常会把班级的事情交给他来处理。有时，即使是周末，高凡还要到学校里去帮助老师处理事情。

升初三了，学业任务越来越重，高凡越来越感觉到当班长的压力太大。

一个周末，高凡对爸爸说："爸，我最近觉得挺烦的，一边要应付一个又一个的模拟考试，一边又要管班里的事情，我都不知道该怎么办了。"

爸爸说："是呀，这事确实让人挺为难的。你现在可是班级里的大忙人了。"

"是呀，总是忙忙碌碌的，影响学习不说，我的心情也大受影响。你看这两次模拟考试的成绩明显有些下降。我心里很烦躁。"

"那怎么办呢？学习是很重要，但是，现在的社会也非常重视能力，

做班干部对于锻炼你的能力很有好处。你说呢？"

"我也是这么想的，要不我早就向老师辞职了。"儿子似乎很为难。

"要不这样，咱们调整一下时间表，看看哪些事情是可做可不做的，把没有太大意义的部分去掉，让你腾出时间来学习？"

"好像都挺重要的。"

"你不是每天晚上7点看新闻吗？我跟你妈商量一下，每天把吃饭的时间从7点半提早到7点，这样，我们一边吃饭一边看电视，就可以替你省了半个小时，是不是？"

"行，可是我担心考不好。"

"关于考试的成绩，我再向你重申一遍。"爸爸一本正经地说，"我不看重成绩，一次考试看不出什么，甚至是已经考上大学的人，由于进入学校后放松学习，最后无法成才的人多的是。我希望你弄懂每一个问题和解题方法，尽自己最大的努力去考试，发挥出自己的正常水平就行了。而且，你的组织能力和协调能力都是很不错的，如果这三者综合起来，你的综合素质就相当好，你没必要为分数而担心。"

"我知道，爸爸。可是，要进好学校就得靠分数呀！"

"爸爸相信你的实力，现在的问题好像是你的心态不对。不是还有一个学期吗？你只要按计划去做，坚持到底，我相信你能够发挥出最好的成绩。如果你还担心，我们先看几个月的效果，如果你实在无法兼顾，我们再向老师提出辞职的要求，你看行吗？"

"行，我试试吧。"儿子坚定地回答。

结果，儿子果然把学习和班干部工作处理得非常好，在中考当中取得了好成绩，考进了重点高中。当然，因为父亲的信任和支持，儿子对父亲更加尊敬和佩服。父子俩像朋友一样，经常交流一些各自遇到的问题。

发现孩子有了烦恼，父母不要自认为"小孩子有什么烦恼，都是无所谓的事"，这种居高临下的态度是相当有害的。正确的做法是，疏导孩子的不良情绪，和孩子一起面对烦恼，寻找烦恼的根源以及解决办法，用自己的人生经验为孩子提供解决问题的有效建议。

★ 感受孩子的烦恼

父母不要想当然地认为,孩子每天只有学习,其他事情都不用干,他们会有什么烦恼?其实,由于青春期的孩子的心理发育并不完全成熟,遇到的一点点事情都有可能引起孩子的烦恼。

因此,当孩子向父母表露烦恼的时候,父母一定要重视,要认真地去感受孩子的烦恼。比如,"我知道你觉得这件事情很难处理,心里很烦恼是不是?""你是不是觉得做不好这件事情,就会被老师责难,因此总是烦躁不安?"

当父母主动表示了解孩子的烦恼时,孩子的烦恼就会减少一半,同时,他们会更有信心去面对烦恼,解决烦恼。

★ 不要替孩子逃避问题

大部分的父母在孩子遇到烦恼时,总是习惯性地替孩子想逃避的办法,比如,"要不,咱不做那事了,省得你这么烦恼。""我看你干脆不要做这事了,管它是谁做,反正你不做。"这些消极的逃避策略非但无法解决孩子的烦恼,因为,孩子一旦再次遇到相同的问题,烦恼依然存在;同时,还有可能养成孩子逃避责任的坏习惯。如果孩子学会了"我不管"、"反正不是我的事"的人生态度,父母可能要后悔终生了。

★ 给孩子提供解决方法并鼓励孩子去克服

良好的教育是要通过引导、启发的方式给孩子提供方法和经验。给孩子提供方法的时候,说话要注意技巧。比如,"我觉得,你可以这样……""要不,你试试我的方法……""你看看我的建议怎样……"

当然,父母不要替孩子做决定,让孩子自己斟酌,然后独自去面对。比如,不管孩子自己愿不愿意做班干部,父母都不要替孩子做决定。你可以听听孩子的意见,如果孩子很愿意做,就应该大力支持他,帮助他出主意、想办法,以帮助他做好工作。孩子只有在班级工作中获得了成就感,他才会愿意与父母轻松地沟通,分享他的快乐。如果孩子不太愿意替班级做事,父母也不用责备他。只要向孩子说明,做班干部对他的个人成长有好处,如果可以做,不妨试试;如果实在不愿意做,也可以

暂时不做。

★ 不断关注事情的进展，始终支持孩子

在孩子解决烦恼的过程中，父母要一直关注孩子的一举一动，站在孩子的角度支持他，让孩子感觉到父母的信任和支持，从而更有信心和勇气去战胜烦恼。

有一句话叫"授人以鱼，不如授人以渔"，帮助孩子逃避烦恼，不如教孩子怎样排解烦恼，这样，孩子可以感受到父母与自己是站在一起的，从而促进亲子之间的情感沟通。

9 敏锐地观察孩子的情绪变化

 情景模拟

孩子:"郁闷。"

妈妈:"郁闷什么?"

孩子:"干什么都觉得郁闷。"

妈妈:"小小年纪能有什么郁闷的,你吃过多少苦,受过多少累啊……"

孩子:"不和你说了,没有共同语言。"

妈妈:"你……"

 智慧点拨

大部分处于青春期的孩子都有着极强的自尊心,外界稍有些风吹草动便有可能引起他们情绪上的变化,一旦他们陷入不良情绪状态就难以提起精神把精力专注于学习和其他活动中,甚至还会影响身体健康。因此,父母要把平时对孩子的了解与他在谈话中的外部表现联系起来,细心观察孩子的情绪变化,从而正确把握孩子的情绪和心理状态,保证孩子身心的健康发展。

家长首先应该了解几种常见的不良情绪,如焦虑、愤怒、抑郁。

焦虑:当人处在焦虑状态时,会表现出烦躁、精力不足、注意力难以集中、易怒、肌肉紧张酸痛、呼吸急促、心悸和难以入睡等。对人的生理带来伤害,阻碍人的思维,出现行为的扭曲。

愤怒:愤怒是一种强烈的不愉快和对立的感受,是由不愉快情景引发的强烈的情绪状态。一个极易被激怒的人不会关注愤怒的内部原因,往往会把愤怒归咎于他人,认为一切都是由外部事件、外部情景或他人

引起的，所以很容易造成人际交往的障碍。

抑郁：抑郁可以是一种心理问题，也可以是一种心理障碍。作为一种不愉快的情绪问题，抑郁只表现为一种暂时的、特殊的心境，它不会对人的生活造成重要影响，但是，比较糟糕的是，抑郁可以发展成为一种严重的心理问题，表现出极其悲伤、活动毫无积极性、难以集中注意力，食欲和睡眠明显的增加或减少、感到沮丧和无助，有时甚至表现出自杀的倾向。

消极情绪对人的健康十分有害，科学家们已经发现，经常发怒和充满敌意的人很可能患有心脏病。哈佛大学曾调查了1600名心脏病患者，发现他们中经常焦虑、抑郁和脾气暴躁者比普通人高三倍。不说为了孩子的成才，就算是为了孩子的健康，当孩子出现以上不良情绪表现时，家长要敏锐的观察到，并及时采取有效措施进行疏导。

★ 寻找到孩子不良情绪的原因

当孩子闷闷不乐或者忧心忡忡时，家长所要做的第一步是找出孩子这些现象背后的原因。一个人出现焦虑、不安等不良情绪，如果能及时找出原因，对症下药是可以克服掉这种情绪的，甚至还会出现意想不到的好效果。在教育培养孩子的问题上，家长在发现孩子的不良情绪时，要积极找出不良情绪产生的真正原因，以及时、有效地帮助孩子面对问题。

★ 帮助孩子转移注意力

由于不良情绪具有排他性，容易导致个人思路狭窄，心事重重。一个人越往忧愁方面想就越忧愁。当孩子遇到了困难、挫折，产生了不良情绪，家长可以教孩子用移情的方法，使其实现情绪转移。

转移环境。如果孩子是由于紧张而产生的郁闷心情，最好带孩子到山清水秀的野外去散散心，跟他谈谈心里话，这样做有助于开启孩子的心扉。

转移注意力。当孩子因同学关系而苦恼时，不妨给孩子讲一些幽默的故事，使孩子的注意力转移到愉快的活动上来，从而减轻或消除苦恼而产生的心理压力。

事件转移。当孩子因为考试失利情绪低落时，则可支持或鼓励孩子参加一些文体竞赛，使其得到心理上的补偿。要有意识地让孩子转移注意焦点，让他知道——遇到挫折感到苦闷、烦恼、情绪处于低潮时，就要暂时抛开眼前的麻烦不要再去想引起苦闷、烦恼的事，将注意力转移到较感兴趣的活动和话题中去。（也可多回忆自己感到最幸福、最愉快的事，以此来冲淡或忘却烦恼，从而把消极情绪转化为积极情绪。）这样可以冲淡、缓解消极的心理情绪。

★ 教会孩子合理释放不良情绪

所谓合理发泄情绪，是指在适当的场合，采取适当的方法，排解心中的不良情绪。这有以下几种方式：

哭泣。当孩子的精神受到打击、心理不能承受时，不妨让孩子在适当的场合放声大哭。这是一种积极有效的排遣紧张、烦恼、郁闷、痛苦情绪的方法。

倾诉。当孩子心中积满苦闷、烦恼、抑郁等不良情绪无法疏散时，父母要引导其尽情倾诉，发发牢骚，吐吐委屈。这样将消极情绪发泄出来后，精神就会放松，心中的不平之事也会渐渐消除。

活动。当孩子的消极心理使情绪极度低落时，越不愿参加活动，情绪就越低落；而情绪越低落，又越不愿意参加活动。这样就形成了恶性循环，使不良情绪加重。这时如果带孩子参加一些适当有益的活动，或跑跑步、打打球、干干体力活，或唱唱歌、跳跳舞，则可以使其心中郁积的怒气和不良情绪得到发泄，进而改变孩子原本十分低落的情绪。

★ 传授给孩子一些控制情绪的方法

人不仅要有感情，还要有理智。如果失去理智，感情也就成了脱缰的野马。因此，家长在孩子陷入消极情绪而难以自拔时，要教会孩子一些用理智有意识地去控制不良情绪的方法。

自我暗示法。采取这种方法，可以抑制不良情绪的产生。孩子要参加一些紧张的活动，如重要的考试或竞赛前，要在心里暗暗提醒自己，沉住气，别紧张，胜利一定是属于自己的。这样就能增强自信心，情绪就会冷静，就能遏制冲动，避免不良情绪造成不良后果。

此外，父母还应创造和谐、宽松的家庭气氛，多和孩子沟通、交流，开展一些家庭活动，增进父母与孩子之间的感情，以便父母能及时了解孩子的心理和情绪变化，及时教育；同时也增强家庭对孩子的吸引力和父母在孩子心目中的威信，避免孩子过多地从外界寻求关怀与理解。

总之，青春期的孩子往往思想感情比较敏感并且容易受伤。父母和孩子谈心时应该选在他们心情比较好时进行，并且应该注意多鼓励、少批评，还应该多细心观察他们的情绪变化。当他们取得好成绩时及时表扬，遇到挫折则应及时给予帮助。批评其过错时语气要尽量委婉，切不可挖苦、讽刺。或者采取现身说法的方式告诉孩子当时自己遇到挫折时是怎么面对的，这样他比较容易接受。

四、倾听有助于更好的沟通

　　愿意积极倾听的父母脸上会表现出慈爱，孩子会对这样的父母产生亲密的感觉，因而也会对父母做出类似的反应。因为父母肯倾听孩子的心声，孩子当然也愿意聆听父母的看法。积极的倾听，可以帮助父母在孩子敏感的成长阶段进行更好的沟通。

1 倾听是和孩子有效沟通的前提

  情景模拟

孩子:"我真想揍李奇一顿!"

妈妈:"为什么?出什么事了?"

孩子:"他把我的书扔到地上了!"

妈妈:"那是不是你先惹他了?"

孩子:"没有!"

妈妈:"你敢肯定?"

孩子:"我发誓,我没有惹他!"

妈妈:"那好。李奇是你的朋友,如果你听我的,就把这件事儿忘了吧。你知道你也不是十全十美的,有时是你先惹事儿,然后又埋怨别人。"

孩子:"我才不呢,是他先惹我的……哼,跟你没法说。"

  智慧点拨

倾听是一门艺术,也是一门学问。面对青春期的孩子,倾听比说教更重要,家长要多耐心倾听孩子的心思,做倾听者比做说教者更容易让孩子接受,也更容易让孩子打开心扉。

上面例子中的妈妈其实就犯了"说教"的错误,如果她用倾听的方式来和孩子沟通,就是另一番情况:

孩子:"我真想揍李奇一顿!"

妈妈:"你看起来很生气……"

孩子:"我真想把他的胖脸揍扁了!"

妈妈:"你那么讨厌他啊?"

孩子:"你知道那个小霸王干了什么吗?在汽车站,他把我的书抢过去扔到了地上!我根本没惹他!"

妈妈:"哦!"

孩子:"我猜他一定以为是我把他的那只玻璃天鹅弄碎了。"

妈妈:"你觉得是这么一回事呀!"

孩子:"是的,他捧着碎了的天鹅,一直朝我看。"

妈妈:"哦。"

孩子:"但是我没有弄碎那只天鹅,我没有!"

妈妈:"是吗?"

孩子:"嗯……我不是故意弄碎的,刘刚推我撞到了桌子上,我有什么办法。"

妈妈:"哦,刘刚推了你。"

孩子:"是的,好多东西都掉在地上了,那只天鹅打碎了。我并没有想打碎那只天鹅。"

妈妈:"我知道,你不是故意的。"

孩子:"是的,但是李奇不肯相信我。"

妈妈:"你觉得如果你说实话,他会不会相信你?"

孩子:"我不知道……不管怎样,我会去向他解释清楚——不管他信不信,而且他必须向我赔礼道歉,他不该把我的书扔在地上。"

你会发现,其实只需要利用倾听,不需要提任何问题,孩子自己就把事情的始末,甚至是他打算如何处理这件事情都说了出来。倾听的力量远比说教的力量大得多,在不知不觉中,家长就能走进孩子的心灵,了解孩子的方法,更好地与孩子沟通。

当然,要做到让孩子满意的倾听,父母需要做到以下几点。

★ **倾听要用心**

父母要做个有修养的听众,要肯花时间,有耐性,用心走进孩子的世界。孩子通常比较渴望得到生活中重要人物的爱护与肯定,这通常包括父母、师长等。父母要了解孩子的内心需要,要倾听孩子说话,如果

父母只顾自己的感情需要,而不顾及孩子的心理需要,孩子就容易感到很孤独。仔细倾听孩子的诉说并回答孩子的问题以便加深亲子关系,加强孩子的信赖和安全感。注意孩子讲话的内容,并表达自己的理解和同情,不要对孩子的感情或意见武断地持否定的态度。同时,要公正地评价孩子,有一些父母喜欢这样说:"你总是忘记……""你看看邻居家的孩子……"孩子希望父母不要当着他同伴的面说自己的不足,如果确实要受到批评,最好私下悄悄地进行。

★ 让孩子感觉到被关注

关注是倾听过程中的一个重要环节,它能使孩子从父母那儿获得亲切与安全的信息。所谓关注,是指父母通过自己的行为与语言,给孩子一个"我正在专心听你的诉说"的暗示信息。

孩子也有自尊心,希望别人能重视自己,希望与在乎自己的人进行交流与交往。如果只有孩子单方面的交流愿望,那不就成了"单相思"吗?这样沟通就很难进行下去。因此,倾听的一个重要步骤就是关注。

关注技术分两类,一类是体态语言,一类是口头语言。

体态语言就是通过人的面部表情、眼睛、手、脚以及身体的动作、姿态,传达某种情感的不言之语。如在舞台上,好的演员会用许多体态语言表达自己的情感,一举手、一投足、一个转身都表达了丰富的内心情感。在倾听孩子的诉说时,父母可以用许多体态语言对孩子表示关注。如:

让孩子坐下,自己也靠近孩子坐下。空间距离中包含着心理距离,心理距离与空间距离成正比,空间距离越大,心理距离也越大;相反,空间距离越小,心理距离也越小。

父母坐的时候要使自己的身体前倾,不要后仰。前倾表示重视孩子的讲话,后仰则显示出对孩子的一种不在乎。

父母的表情要与孩子"同频共振",也就是说,要与孩子的情感相吻合。如果孩子当时非常痛苦,父母要有沉重的表情;如果孩子很高兴,父母也要流露出愉快的神情。

如果孩子说到伤心处,有时会痛哭,这时,父母最好的做法是递上手绢、纸巾，或为孩子拭泪，但不要阻止。因为哭也是一种宣泄，有利于身心健康。递上手绢或纸巾是对孩子哭的行为的一种支持。

将孩子拥在怀里，抚摸他的头发、脸颊、肩膀。很多父母在孩子很小的时候，很乐于表达亲昵的行为，等到孩子进入了青春期，就觉得肢体接触"不好意思"或者没有那个必要，其实，孩子长大后，也需要温暖的身体接触，这可令孩子切身体会父母的关怀。

父母还可用口头语言来表示关注。如"嗯"、"噢"、"我知道了"之类的话语，表示自己正在专心地关注孩子讲话。如果父母只顾听孩子说，而不用自己的声音传递关注，会引起孩子的误会，以为父母在想别的问题，没有在倾听他说话。当然父母的口头语言要简洁、清晰、贴切。如孩子在觉得委屈时，父母是一味地告诉他"没关系，坚强一点"、"这没什么好难过的"，会让孩子觉得父母一点都不能体会他的感受，若父母说："你很难过，我要是你也会有这种感受的。"相信会有截然不同的效果。

在对孩子说话时，低声细语能让孩子感到与父母处在平等的地位上。孩子的情绪极易受外界环境的影响而发生变化，高声训斥会使孩子因受到突然袭击而惊慌失措，精神处于高度紧张状态，甚至引起反感，反而听不进家长的话。常用温和亲切的低声调来与孩子对话，还可以增强孩子对父母的信任感，增强孩子与父母进行交流的自信心，并能增进孩子和父母间的关系。

★ 沟通需要父母的耐心

父母在与孩子交谈时，要耐心倾听他们的每一句话。要知道，大多数孩子是希望父母与他一起分享成长中的感受的。耐心倾听，容易让父母赢得孩子情感上的信任，而只有互相信任了，父母才能与孩子达到无拘无束交流的默契。

记住，不要还没有听完孩子所讲的整个过程的来龙去脉，就妄下结论。如果孩子告诉你，他今天被老师批评了，父母马上就来一句"一定是你上课不认真听，犯错了"。久而久之，孩子就会与父母没话好说了。只有当父母耐心倾听孩子的话，知道孩子的许多经历后，才会获得正确

引导孩子的机会。

经常看到孩子兴冲冲想跟父母谈一些事情，但父母都总是忙着做其他的事，叫孩子等会儿再说，或者孩子诉说一件委屈的事，没想到父母一听就发火、责骂，根本不去了解真正的缘由，久而久之，亲子之间的沟通就会发生问题。

在成年人的世界里，有一种特别受大家欢迎的人，他们在听对方谈话时，无论对方的地位怎样，总是细心、耐心、专注地倾听，说者自然也就感觉畅快淋漓，受到重视。其实，对待孩子也应该这样。每当孩子主动要向父母倾诉，父母应该放下手中的工作，耐心地让孩子畅所欲言，让孩子把心中的郁闷宣泄出来。亲子之间如果能彼此倾诉，经常恳谈，问题会少得多。

如果孩子说话得不到父母的重视，他们只能把自己的秘密埋藏在心里，做父母的就很难知道孩子的所思所想，这样对孩子的教育就会无的放矢，无所适从。如果孩子的说话权得不到父母的尊重，久而久之，孩子就会与父母产生对抗情绪，以致双方相互不信任，沟通困难。

2 主动向孩子倾诉感受

 情景模拟

孩子:"妈妈,你怎么了?"

妈妈:"我没事……"

孩子:"你明明看上去很不开心,是不是发生什么事了?"

妈妈:"没有,这不关你的事儿,去写作业吧!"

孩子:"可是……"

妈妈:"别问了,妈妈会自己解决问题的。快去吧!"

孩子:"好吧……"

 智慧点拨

与孩子进行沟通时,父母要想知道孩子的感受,就应该主动把自己的感受告诉孩子,向孩子倾诉,这样不仅让孩子明白了父母的感受和处境,而且还可以让孩子明白,当自己遇到问题时,也应该主动告知父母。

父母如果能向孩子敞开自己的内心世界,这就在一定程度上体现出了父母对孩子的尊重与信赖,并加强了与子女之间的情感联系,这种交流在孩子逐步成熟时期是尤为重要的。通常,青春期是孩子们的黄金年华,但也是一个多事之秋,如果父母与子女在感情上有这样的密切联系,就会很容易沟通,从而有效地避免各种问题,使孩子顺利成长,但是父母与子女间的这种密切关系不是一下子就能建立的,它需要一个长期的、有意识的培养过程。因此,当孩子们开始问"妈妈你为什么不高兴呀?是不是工作遇到麻烦"的时候,做家长的就该认真考虑一下,是否该与孩子认真谈一谈现在所遇到的困难与麻烦,并且让孩子与你分担这些压

力。如果搪塞地说"没有什么，很好"或"不关你的事，去玩你的吧"，就等于将孩子对父母的关心推开，等于将孩子那一颗关怀他人的心挡在门外，孩子所得到的信息是父母的事，不关自己的事。

但是，更多的父母认为：大人的感受怎么能够与孩子讲呢，他们能知道什么呀？可是，孩子的心灵是敏感的，他们对外界的观察也是非常仔细的。比如，在日常生活中，我们会经常听到孩子这样问："爸爸，妈妈怎么了？怎么不高兴了？"其实，这就是孩子观察父母、关心父母的一种表现。但是，大多数的父母会这样呵斥："没有不高兴，你做自己的事吧！""大人的事，小孩子不懂，一边呆着去吧！"父母的这种行为，往往会让孩子产生这样的想法："既然父母的事情跟我无关，那我只要不给父母惹麻烦就可以了！"如果这种冷漠的态度产生了，就会大大地阻碍彼此间的沟通。

父母在向孩子敞开心扉时，不妨从以下两方面做起。

★ 让孩子知道父母也并不是完人

父母在孩子面前，不必刻意呈现最好的一面。因为每个人都有他的优点和缺点，父母自然也不例外。孩子遇到烦恼、失败与挫折而向父母倾诉时，父母不妨利用这个机会，坦诚地将自己的喜、怒、哀、乐等种种情绪倾诉出来。

★ 表现出最真挚的情感

美美向来读书就不太用功，无论妈妈怎么责备或是鼓励她，都没有什么效果。每日放学回家，美美不是看电视，就是到处疯玩。

一天，妈妈又在苦口婆心地劝美美专心做功课，可美美依旧是一边做，一边东张西望，一副没精打采的样子。这种情形让妈妈伤透了脑筋。"美美，妈妈讲个故事给你听。"妈妈边说边在美美身边坐下。美美一听妈妈要讲故事，立即就来劲儿了，说："什么故事，快讲呀！"

妈妈说："我小时候也和你现在一样总是爱玩，做功课也不认真，每次考试都仅能维持及格，那时你外公总说我是个'淘气的孩子'。当小学毕业要上初中的时候，我兴奋得几个晚上都没睡好觉，总是在想那个学校是什么样呢！学校里的老师和同学肯定与我相处得很好。可是我的愿望没有实现，就在那时，你外公因一场大病住进了医院，再也没有回来。我也就没有机会上初中继续学习了。后来只有一边工作，一边在夜校上课，假日和晚上的时间都要用来温习功课，那时妈妈为学习付出了极大的努力。可是你现在有这样好的条件……"

妈妈再也说不下去了，也不知是伤心，还是气愤，不禁掉下了眼泪。她无奈地对孩子说："是妈妈不好，是妈妈没有用，不能让自己的孩子学习用功，妈妈以后也不想再唠叨了。"然后默默地离开了美美，回到了自己的房间。

听完妈妈这番发自内心的话后，美美深感不安和内疚，她走到妈妈的房间里，摇着妈妈的手说："妈妈，不要再哭了，我知道错了，我以后会用功读书的，不会再让妈妈伤心。"

与孩子沟通应该是心与心的沟通，当美美看到妈妈为了她不用功读书而伤心掉眼泪时，美美深感内疚，认识到不好好读书妈妈会很伤心，为了不让妈妈再伤心，决心好好用功读书。所以，在与孩子沟通时，父母用这种表现内心难过的真挚态度教诲孩子，比恶言恶语或责骂会来得更有效。和孩子交心，就得表现出最真挚的情感，这一点在亲子沟通中是不容忽视的。

在与孩子沟通时，父母不妨直接告诉孩子自己失败和挫折的经历：自己曾有过什么抱负、梦想与目标，曾经因为自己所犯的错误而付出过多少代价，怎样由许多失败、痛苦而累积到经验，终于走向成功的道路等，这一切的一切都可以向孩子倾诉，将自己的人生经验，传授给孩子。孩子不会因为父母的过失或梦想无法实现而小看父母，相反，他可能会暗下决心完成父母的未竟之志呢！

父母想要知道孩子的想法，要尝试着先学会如何向孩子倾诉。只要父母向孩子敞开心扉，谈谈自己的梦想、成功和失败，孩子也就会彻底地向父母敞开心扉。

3 重述孩子的感受 让孩子乐意侃侃而谈

 情景模拟

孩子:"我讨厌篮球教练,他从不让我上场。"

妈妈:"为什么?"

孩子:"只有打得最好的队员才能上场。每次比赛我都是坐在场边。"

妈妈:"是你自己技术不行。你的队友中有些人从7岁起就打球,小时候叫你参加球队你就是不肯。"

孩子:"真烦,每次说到最后都是我不对。"

 智慧点拨

"倾听"在心理学上具有"净化心灵"的作用。当一个人遭遇挫折、困惑、委屈或失败时,他最需要的不是安慰,不是批评,更不是说理,而是一个值得他信赖的人来听他说,理解他,接纳他。"反应性倾听",就是一种良好的"净化心灵"倾听方式。

所谓反应性倾听,是指简单扼要地重述孩子的感受以及导致这种感受产生的原因。通过与父母共同分担不愉快的感受,孩子受到伤害和承受的压力将会减少,同时也可以逐渐增强对自己的情绪及行为的控制能力,在以后面对日常生活中的种种挑战和失意时,做出较好的选择。同时,父母与孩子的沟通也将得到改善,彼此关系会更为密切。这就是反应性倾听所要达到的目的。

然而,很多时候,不少父母在听孩子讲话时,并没有采用反应式倾听的方式,以致沟通不理想。上面的例子中,妈妈说:"是你自己技术不行。你的队友中有些人从7岁起就打球,小时候叫你参加球队你就是不肯。"这是一种埋怨型的反应，此外还有另外的一些反应经常会出现，比如指示型反应："你应告诉教练你的想法，你应该知道怎样为自己争取权利。"安慰型反应："我相信通过练习你会进步的。要有耐心，教练还没有看到你的潜能。"援救型反应："我去找你的教练谈谈。这对你是不公平的，你想打球怎能不让你打。"

上面的四种反应都不能有效地帮助孩子解决问题，甚至会导致孩子以后有问题不跟父母讲。下面的对话，母亲采用的是反应式倾听，确实能帮助孩子。

妈妈："看样子你在生教练的气，因为他没让你上场。"

孩子："可不是吗？打篮球挺有趣，尤其是在比赛的时候。"

妈妈："你很想参加比赛，可是你现在有点失望，因为队友间都有竞争。"

孩子："是啊，也许我在场外应多加练习，提高球技，才能有机会上场。"

把孩子说的话或表达的感情接收过来，然后再反应回去，这是一种尊重孩子的态度。父母可以不同意孩子的想法，但通过反应式的倾听表示愿意真诚地了解他们的感受，包括字面上的意思或隐含于背后的意思。

父母运用好反应性倾听，要注意两个要素。

★ 专注的态度

孩子讲话时，父母可暂时停止手边做的事，保持与孩子的眼神接触。要避免到处走动，边做事边听或背对着孩子。因为这些行为可能让孩子觉得你对他所说的一切不感兴趣。

★ 认真倾听并作出开放式的反应

对孩子所说的话的反应，在某种程度上可归纳为"封闭式"和"开放式"两种。封闭式的反应表示听者（父母）并没有理解孩子讲的真实含义，它常常导致交谈终止。而开放式的反应表明父母听到并理解孩子讲话所指。请看下例：

孩子："胡刚和葛峰都不来我们家玩，真让我失望，现在不知干什么好。"

封闭式反应:"是啊,事情不总是我们想怎么样就怎么样。生活就是这样。"

开放式反应:"你觉得很孤独,因为好像没人在意你。"

封闭式反应没有接纳孩子的感受,它所传递的信息是他的感受无关紧要,把进一步交谈的门堵住了,使孩子感到被拒绝了。

开放式反应承认孩子的感受,表达了接纳和关心,打开了交谈的大门,孩子因此可能会决定告诉父母更多自己的内心感受。

因此我们可以得出结论,反应性倾听就是让父母作出开放式反应,反映出孩子的感受和意思。反应性倾听要求父母善于捕捉子女的感受,并概括地不加评判地加以表达,使孩子感到父母理解他,而乐意再谈下去。

4 注意孩子的体态语言

 情景模拟

孩子:"妈妈,给我10元钱。"

妈妈:"哦,你拿钱做什么呀?"

孩子看了看妈妈,赶紧低下了头说:"老师说要买课外书。"

妈妈:"买课外书妈妈就会给你,但是,如果你有其他的用途,只要不是乱花钱,告诉妈妈,妈妈也会同意的。"

孩子想了想说:"妈妈,后天就是教师节了,我们几个同学想凑点钱给老师买件礼物。"

妈妈:"那很好呀,你需要多少钱?"

孩子:"就10元钱。"

妈妈:"那课外书呢?"

孩子:"刚才我是骗你的,怕你不同意。"

妈妈:"给。妈妈难道是这么小气的人吗?"

孩子:"当然不会。"

妈妈:"那你以后可不能对妈妈说谎,妈妈不喜欢你说谎,知道吗?"

孩子:"知道了,妈妈。"

 智慧点拨

这位敏感的妈妈通过孩子的体态语言及时感觉到了孩子可能在撒谎,但是,她并没有明说,也没有呵斥孩子,而是引导孩子自己承认错误,这样,一场可能发生的亲子冲突就被化解了。

谈到体态语言时,我们自然会想到很多惯用动作的含义。诸如鼓掌

表示兴奋，顿足代表生气，搓手表示焦虑，垂头代表沮丧，摊手表示无奈，捶胸代表痛苦，高兴时的微笑，悲伤时的黯然，迷茫时的发呆，害怕时的发抖，紧张时的咬手指头等。当事人以这类肢体活动表达情绪，别人也可由之辨识出当事人用其肢体所表达的心境。很多体态语言是一个人在与他人交流时不自觉地呈现出的一种身体语言，孩子也一样。

虽然青春期的孩子已经开始会掩饰自己的真实想法，但是孩子在与父母交流时往往会下意识地使用一些体态语言。这是因为，许多孩子认为父母是权威，在父母说话时不宜顶嘴，但是，孩子又是情感外露型的人，他们无法把自己的情感深深地埋在心底，于是，他们会通过体态语言来表示心中的想法。

有一位孩子在成年后回忆道："母亲总是不断地说我们很棒，可我们做的每一件事情都很糟，她总是滔滔不绝地谈论我们的技艺、烹调，任何一件琐事，但是，我们知道，有些事情的确没有她说的好。过了一段时间，我们就开始怀疑妈妈赞扬我们时的态度了。"可见，即使父母在表扬和赏识孩子，孩子也会有自己的想法，从而表现出高兴或是厌烦的情绪，父母一定要留意孩子的体态语言。

当然，体态语言往往是孩子在不自觉的情况下做出的，但是，正因为是孩子的不自觉的下意识的行为，就更能反映孩子真实的情感。有经验的父母都很擅长于通过孩子的体态语言来判断孩子的想法。

如果家长不注意观察孩子的体态语言，那么很有可能犯下面家长所犯的错。

"啪"的一声，好像有什么东西打碎了。

妈妈赶紧从厨房跑出来，发现自己最心爱的花瓶已经粉身碎骨地"躺"在了地上。

这可是爸爸送给妈妈的生日礼物，咪咪早就听妈妈说过。因此，她一看到花瓶摔下来了，就害怕得两腿发抖。

妈妈气坏了，她看了一眼咪咪，只见咪咪低着头，两眼直看着脚尖，浑身颤抖。但是，妈妈已经顾不得这么多了，过去就给了咪咪一巴掌。

"妈妈!"咪咪捂着被打肿的脸,大哭起来。

"跟你说过多少遍了,这个花瓶是爸爸从香港带回来的,让你小心,你偏偏不听,看你爸爸回来怎么收拾你!"

妈妈说完,咪咪就吓得没声音了,她两眼发直地呆坐在那里。

"发什么傻呀,还不赶紧收拾一下!"但是,咪咪已经听不见妈妈的话了,她的脸煞白煞白的,因为她太害怕爸爸了。

咪咪的妈妈可没注意到这一点,她还在一个劲地埋怨:

"你这个孩子什么时候能够小心一点?"

"你怎么就不能像其他孩子那样仔细一点呢?"

"一点都不像个女孩子,总是毛手毛脚的!"

后来,咪咪竟然患了轻度的恐惧症,只要妈妈一说话,咪咪就会浑身发抖。当妈妈带咪咪看心理医生才知道,出现这种状况的原因就是妈妈平时对她的批评太严厉,还经常拿爸爸来吓唬她,这给咪咪的心灵造成了严重的伤害。

家长在与孩子沟通的时候,一定要随时观察孩子的体态语言,否则不但达不到教育的效果,还有可能会对孩子的心理健康产生负面影响。

总之,沟通是一门艺术,有关的时间、地点、环境和方式都要考虑到。比如说,孩子有时候希望在心理和情感上保留一些自己的空间,或者当他们感情波动很大,非常需要安慰而不是提问时,在这种情况下身体语言似乎更为适宜,拥抱、抚摸传达的是沉默而温暖有力的信号。作为父母不仅仅要关注孩子的语言,更要关注孩子的体态动作,要认真地了解孩子的内心世界,做孩子真正的朋友。

★ 要多陪伴孩子,多关注孩子

有人说,亲子之间会有心灵感应,实际上,这需要父母与孩子之间的共同努力,只有深入了解,才能体会到对方的细微变化,并及时做出反应。

说到了解,许多父母会认为自己非常了解孩子,实际上,深入了解需要一个长期的过程,而且,了解并不仅仅局限于孩子的衣食住行,更

重要的是孩子的思想，这就更加需要父母有意识地观察孩子的各种行为，倾听孩子的心声，关注孩子的心灵成长。

★ **要多学习，了解孩子各种下意识行为所包含的意思**

孩子们往往会有许多相似的体态语言，比如，说谎时往往眼睛东看西看，躲躲闪闪，不敢正视父母；紧张时会咬手指头、不停地搓手、使劲攥着衣角揉搓、不停地用笔在纸上乱画；伤心失落时往往会一个人沉默不语、脸色阴沉、没有胃口，甚至默默流泪；做了错事时会偷偷观察父母的表情，转动眼珠想想办法隐瞒父母等。

当然，每个孩子都有自己的特性，每个孩子的体态语言都会有所差异，只要父母善于观察孩子，不断分析和总结，就会找到孩子独特的体态语言，了解孩子体态语言背后隐藏的意思。

★ **要多沟通，多了解孩子**

只要父母发现孩子的行为有些异样的情况，就要主动与孩子进行沟通，主动去了解孩子。当然，在与孩子沟通的时候，父母要注意交流的方式。

比如，当你发现孩子可能在撒谎时，不要说："瞧你说话结结巴巴的样子，我就知道你在说谎，你说，你为什么要撒谎？"这样的结果只会引起孩子的否认，加剧孩子说话结巴的坏习惯，如果父母再通过威逼或打骂的方式强迫孩子承认，结果只会造成亲子关系的冲突，会导致孩子养成说谎的习惯。

如果父母这么对孩子说，效果就会好很多。"爸妈知道你希望……""你能告诉爸妈你为什么要这样做吗？""来，慢慢说，只要是正当要求，妈妈都会认真考虑的。"同时，父母的眼睛要友善地看着孩子，让孩子感受到父母的爱，从而主动承认错误。

5 读懂孩子的眼神

 情景模拟

妈妈:"怎么了?"

孩子:(哭)

妈妈:"是不是又受到别人的欺负了!"

孩子:"嗯……"

妈妈:"你这孩子,越大越娇气了,纤纤弱弱的,一进学校就被一些淘气包欺负。真没用!"

孩子:(哀怨地看了妈妈一眼,跑到自己的房间里去了。)

妈妈:"我说你这个孩子也真是的,怎么这么没用呢?跟你说过多少遍了,不要太软弱。再说,别人欺负你,你可以告诉老师呀!你要是再这样下去,妈妈也帮不了你了!"

孩子:(眼中仅剩的一丝光彩也退去了)

 智慧点拨

孩子在成长的过程中,总是喜欢看父母的眼色行事,父母的一个眼神,一个手势,都能够让孩子感觉到关爱或冷漠,尤其是青春期的孩子,十分敏感。当孩子想要与父母说话的时候,他们往往先会用相应的眼神来试探父母,看看父母有没有不良反应,然后,孩子才会放心地来倾诉自己的事情。

父母想要听懂孩子的话,首先应该学会读懂孩子的眼神。尤其是青春期孩子,可能因为平时沟通不够,或者害羞等原因引起表达能力的欠缺,这时眼神往往是他们表达内心世界的一种重要途径。如果父母善于

读懂孩子的眼神,就能更好地与孩子进行沟通。

 敏敏放学后直奔家里,因为她的作文在市里获了奖,她要赶紧把这个好消息告诉妈妈。

一进门,敏敏就看到妈妈在厨房里忙碌着。她努力克制着自己的喜悦之情。放下书包后,敏敏径直来到厨房,对妈妈说:"妈,今天的菜真丰富呀,有什么事情吗?"

妈妈早就知道今天是公布结果的日子。前些日子,敏敏为了写那篇《妈妈的眼神》真是费尽了心思。现在,当妈妈看到敏敏眼里那挡不住的喜悦,就知道女儿肯定拿奖了。但是,妈妈没有直说,而是故意悄声对敏敏说:"告诉你吧,我家出了个小才女,这菜是专门为她准备的。"

敏敏假装没听懂妈妈的话,说:"谁呀?谁是小才女呀?"

妈妈看了看敏敏,敏敏故意狡猾地对妈妈笑,似乎想让妈妈大大夸奖她一下。妈妈故意卖了个关子,说:"哎呀,现在我还不能告诉你,她还没有把奖状拿给我看呢,万一我说错了,真是太丢人了。"

这时,敏敏从背后拿出奖状,高高举在头顶,然后不动声色地看着妈妈。妈妈故意惊奇地叫道:"呀,原来奖状在你手里呀,二等奖,太棒了!"

敏敏笑了,妈妈看到了敏敏眼中流露出来的自豪。妈妈说:"敏敏,获奖的感觉不错吧,但是,你不可以骄傲哦,得奖值得表扬,但是,成绩代表过去,不断努力才能不断得奖。"

敏敏故意斜着眼对妈妈说:"知道了,你就希望我一直得奖,可是那很难哦!"

母女俩接着哈哈大笑起来。

总之,眼神是父母与孩子进行心灵对话的一个通道,父母一定要细致地观察,发现孩子眼神中所表现出来的信息,及时给孩子相应的眼神作回报,实现真正的心灵沟通。

★ **读懂孩子的眼神**

一般来说,孩子的眼神往往流露出他内心的思想。

当孩子低下头，不敢正视父母的眼神，说明孩子意识到了自己的错误，正在进行自我反省，这时的父母不应该严厉地批评、斥责孩子，而应该说服、鼓励他。

当孩子故意把眼神放在别的地方，不愿意父母看到自己的眼睛时，说明孩子心里正在想什么"私事"，不愿意父母知道他的想法或者秘密，这时候，父母不要逼迫孩子，应该耐心开导，从侧面入手来了解孩子的想法。

当孩子目光迟疑，对眼前的东西视而不见时，这是孩子心里有难言之隐或有不愉快的事情的表现。面对这种眼神，家长应当亲切劝慰，热忱开导，让孩子说出自己的心事，并积极帮助孩子正确认识和妥善解决遇到的"难题"。

当孩子眼光闪烁有神、眉飞色舞时，多是孩子心情愉快、称心如意的表现。这时，家长一方面要主动分享孩子的快乐，一方面要分析孩子取得成绩的原因，告诫孩子不要骄傲，引导孩子走向更高的境界。

当孩子眼神无光、昏昏欲睡时，这是孩子对眼前事物毫无兴趣，或者已经十分疲倦的表现。这时家长要根据实际情况，转换新的内容，或者改变方式，进一步激发孩子的兴趣。若孩子仍无兴奋表现，要及时安排休息。

当孩子呆看父母的脸色时，这是孩子在恳求家长表态。家长应该针对孩子的疑难，鲜明地表达自己的意见，尽量满足孩子的要求。

当孩子低眉顺目，不敢正视父母时，这是孩子正在进行自我反省的表现。家长要给予热情的关怀和鼓励，不可再严厉地训斥。

当孩子用仇恨的眼神看着家长的时候，表明孩子对家长的行为或者处事方式非常不满，这是孩子的正常表现，尤其是青春期的孩子，经常因逆反而表现出仇恨的眼光，父母不要因此而生气，孩子只是对事不对人，只要父母以理解、宽容的态度对待孩子，孩子是会明辨是非的。

当孩子走到家长的面前，期盼地望着家长的时候，说明孩子正需要家长的帮助，这时候，家长需要放下手头的工作，关切地问孩子："有什么事吗？""怎么了？"要以温和的语气引导孩子主动与家长交流。

当家长跟孩子说话时,如果孩子的眼神是游离不定的,说明孩子对家长说话的内容不感兴趣,或者孩子有自己的想法,这时,你应该调整自己的说话语气,主动引导孩子说话。比如:"你觉得我说得对吗?""你有什么想法吗?"

当孩子用微笑的眼神看着家长,甚至带点无法形容的喜悦之情,这说明孩子可能有了什么进步,或者做了什么好事,希望被父母发现,并得到父母的表扬。这时的父母,应该注意观察孩子的语言和行为,寻找让孩子高兴的"神秘事物",然后故意惊奇地进行肯定或表扬:"呀,这是谁做的好事呀?""这是谁的试卷呀,怎么是满分呀?"尽管孩子知道父母是故作惊讶状,但是,孩子能够从父母的这些语言里获得极大的满足感,更能够从父母的语言中感受到理解和鼓励。

★ 每个孩子都有独特之处

需要父母注意的是,每个孩子都有自己的独特之处,父母一定要在平时的生活中认真体会孩子不同目光的真意,只有用心才能达到良好的效果。

孩子的每一个眼神都可能一闪而过,父母在和孩子谈话时,一定要注意观察,不要轻易放过任何一个轻微的目光,这样才能体察到孩子目光背后的含义,读懂孩子的心。

6 听懂孩子的"弦外之音"

 情景模拟

孩子:"妈妈,明天星期天了。"

妈妈:"知道,这还用你说吗?"

孩子:"妈妈,你上周不是说……"

妈妈:"说什么了?我忘记了。"

孩子:"哦,那算了。"

妈妈:"你到底有没有事啊?有话说话,别吞吞吐吐的。"

孩子:"没事了。"

 智慧点拨

青春期的孩子经常会采用试探、提醒等方式跟父母来交流,有些父母不明其意,有些父母则嫌孩子小题大做,浪费自己的时间,于是,简单地呵斥成为亲子交流的主要语言。结果,这种交流方式不仅让孩子学会了隐藏自己的真实想法,还会渐渐地让孩子向父母关闭自己的心灵之门。

英国教育家斯宾塞说过:"细心的父母可以发现孩子微妙的变化,弄清孩子没有明说的思想感情,这里所需要的技巧是及时抓住孩子隐藏在内心的思想感情的微小、微妙的线索。"

那么,家长如何才能抓住微小的线索,听懂孩子的"弦外之音"呢?

★ **不要仅仅局限于字面上的意思去想**

要听懂孩子的弦外之音,要求父母在倾听孩子说话的时候,不要仅仅局限于字面上的意思,而要仔细想想孩子为什么会有这些想法。比如,

孩子会说:"我们的老师太讨厌了。"这时,父母不要简单地对孩子说:"老师再讨厌也是你的老师,作为学生你不可以这样说,一定要尊敬老师。"这样的说辞对于孩子没有一点帮助。这时,家长应该意识到,孩子说这样的话,必然是老师哪些地方让孩子觉得不公平或者憎恨了,父母这时一定要主动询问孩子为什么会说这种话,从而找到解决问题的突破口。比如:"是吗?老师有什么事情让你不高兴了?""哦,发生了什么事情,说来听听?"只要孩子向父母诉说了原因,父母就能够更加深入地了解孩子的思想,从而能够有针对性地教育孩子。

再如"情景模拟"中的片段,如果那位妈妈这样说,效果将完全不同。

孩子:"妈妈,明天星期天了。"

妈妈:"是啊,你'解放'了!"

孩子:"你上周不是说……"

妈妈:"似乎我们上周有--个不错的约定,对吗?"

孩子:"对对对,我们说好这周去自然博物馆的……"

妈妈:"哦,上个星期我因为忙所以没去成,答应你这周去的,对吧?放心,这周一定去,妈妈不会让你再失望!"

孩子:"好棒!"

孩子嘴上只说只字片语,可内心可能有很多话"不好意思"说,妈妈应该根据只字片语,结合周围的环境、氛围,积极展开"联想"与"回忆",引导孩子说出想说的话。要知道,很多时候如果没有家长的步步引导,孩子们是不会和盘托出内心真实的想法的。

★ 注意孩子的表情和动作

要听懂孩子的弦外之音,需要父母在倾听孩子说话的时候,不仅仅要注意孩子的语言,也要注意到孩子的表情、动作等。有些孩子在试探父母时,往往会用眼角偷偷地瞄父母,或者紧张地搓着手,或者会在纸上不停地写字,这些都是孩子的异常表现,敏感的父母一定要注意到这些,全面地判断孩子为什么会这么说,及时地发现孩子的异常想法,倾听孩子心灵深处的真实感受。

孩子的动作、表情无不透露着他们内心的想法：如果孩子不停地东张西望，无疑表示他不愿意在这个话题上多费时间，想停止谈话；如果孩子说话时低着头，说明他讲的话可能是谎话；如果孩子的表情兴高采烈，说明孩子所讲的事是他得意的事，父母要认真听，不然会伤害孩子的自尊心……

总之，只要父母留心观察，就能通过孩子的表情、动作等符号，找到开启孩子心灵的钥匙。

7 把话语权还给孩子

 情景模拟

孩子:"这件事我可以解释……"

妈妈:"解释,有什么可解释的,犯错了还狡辩,事实不是明摆着了吗!"

孩子:"我不是故意打伤他的,是因为……"

妈妈:"我现在要赶紧去医院看看被你打伤的孩子,你的解释我不想听。"

孩子:"你听我说完好不好!"

妈妈:"住口,你给我在家好好反省……哪儿也不许去……尽给我惹祸!"

 智慧点拨

"父母让我们住口,而他们却整天喋喋不休。"

"父母太小瞧我们了,一点也不给我们讲话的机会。"

"为什么让我们闭嘴?我们心里有许多话要说给父母听呀!"

不久前,一所社会咨询机构对两千名在校中学生做了一次问卷调查,结果显示,"住口"是孩子们最不愿意听到的父母说的话之一。

是啊,为什么父母自己老是唠叨不停,而不给孩子自由表达的机会?"情景模拟"中的情况常常发生:孩子犯了一个小错,父母凭着自己了解的情况对孩子的行为做出评价,而孩子据理力争地申辩。这时做父母的气上加气,心想:"你犯了错还狡辩!"于是,对孩子一声断喝:"不用解释了!"家长很难想象得到当时孩子有多委屈,哪怕事后家长弄清了事情的来龙去脉，为冤枉了孩子而向他道歉，但对孩子的伤害已经成为事实了。法庭审问犯罪嫌疑人还给其申诉的机会呢，怎么做父母的就不能容忍孩子为自己的过失辩解？

除了不给孩子辩解错误的机会，很多时候，家长也不给孩子话语权，比如孩子每天该吃什么，几时就寝，何时上学……孩子自己并不能决定，而都是由父母来做善意的"独裁式"安排，因为父母认为自己更清楚什么对他们有真正的好处。

但是，父母都需要明白一点：孩子也有话语权，应该给他机会表达。

★ 打断孩子讲话的危害

我们相信，父母都是爱孩子的，但是，同样是爱，结果却是大不相同。青春期的孩子已经有了自己的想法和主张，在孩子想发表自己的看法、意见时，家长如果粗暴地打断，或是不理不睬，那么就会有很糟糕的结果——一旦孩子的话语权被长期压制，孩子成熟后的个性通常会有明显的缺陷。

有一个孩子叫美子，是初中二年级的学生。可是，她却不善于语言表达，在众人面前，一说话就脸红。孩子为什么会如此的扭捏呢？

原因在于美子父母的一套教育、管理孩子的办法。如果有客人来美子家做客，美子的父母就会要求孩子要有礼貌，要懂事；在大人们说话的时候，小孩子不许乱插嘴，最好是到别的地方去玩，让大人们清静地说话。即使是只有一家三口的时候，美子通常也没有完全自由表达的权力，她的话时常被打断。

其实，父母的这种做法，对孩子是十分不利的，如果当孩子正在兴高采烈地说着什么时，父母却不时地打断孩子，还纠正他的用词，或者批评他的某个想法等，这些都会令孩子兴味全无。即使是成人，当自己的发言屡遭别人打断或反驳时，也会兴致大减，缄口不言。因此，这种做法必然会影响孩子个性和能力的发展。多数孩子会逐渐变得不愿独立思考、自主行事。这很自然，既然动脑子出主意受到批评指责，又何必自讨苦吃呢？

可是，正如例子中所说的，家长不时地打断孩子的讲话，甚至阻止孩子讲话，不给孩子发言的机会，不把孩子当成有思想的人，也就无法用心去体会孩子的思想，去了解孩子内心的想法。后来，这样的父母往往还会抱怨："这孩子怎么不像别人家的小孩那么机灵？""这孩子怎么反应这么迟钝啊！""他一点儿主见也没有，到底该怎么办，他自己竟然不知道。"可是，这一切又能怪谁呢？家长只能自食其果。

父母打断孩子的话，或阻止孩子讲话，使孩子的思想或意见无法表达，这样父母难以了解孩子，也很难给予孩子恰当的指导，而且会对孩子的成长造成不良的影响。一些孩子会因此变得不善口头表达，变得没有主见、怯懦、退缩；而另外一种可能则是孩子会变得独断、孤僻，听不进别人的意见。

如果一味地抑制孩子，不让他说出自己心里的想法，孩子就会感到委屈，进而伤心、怨恨。他会把这种委屈发泄到其他的对象上，或者用其他较偏激的行为来摆脱这种不良情绪。

★ 耐心听完孩子的话

给孩子发表意见的机会，耐心听完孩子的话是避免上面提到的不良后果的最佳方法。家长要耐心倾听孩子的想法，就当又多了一个了解孩子的机会；同时，家长还可以根据孩子说的话进行有针对性的教育：孩子理解有偏差的地方，可以帮助他纠正；孩子看法片面的时候，可以进行补充。这样，孩子的判断能力和思维能力都能得到提高。

★ 鼓励孩子多说话

除了在孩子想说话的时候，让他尽情地说，还要在孩子沉默的时候鼓励他说。因为有的孩子根本没有为自己辩解的意识或者胆量。鼓励孩子说出心里的想法、不满或者委屈，会让他变得善于思考，也会使他的自主意识和表达能力得以增强。

★ 有技巧地打断孩子

教育专家认为，如果孩子想要对某件事进行辩解，而时机又不合适，明智的父母应该这样说："对不起，现在我很忙，但我一定会听你的解释，等我有时间咱们再慢慢谈，好吗?"想想吧，这对孩子来说无疑是大旱甘霖，他不但不会委屈、怨恨，反而会信心大增，并会想自己是不是有什么地方的确做得不妥。孩子的这种说话权利如受到别人的尊重，一般会增强他的自信心和荣誉感，他还会注意尊重别人的权利，从而增强自制能力。

  家长们，一定要懂得把自己的孩子当成是一个有思想的独立个体，给孩子对等的地位，尊重孩子说话的权利。教育学家认为，只有平等的、民主的家庭才能培养具有独立意识、乐观积极的孩子，而专制的家庭只能培养出唯唯诺诺的庸才。

四、倾听有助于更好的沟通

8 成为孩子的倾诉对象

 情景模拟

妈妈:"很晚了,去睡吧!"

孩子无动于衷。

10分钟后,妈妈:"怎么还不去?"

孩子:"知道了。"

又过了10分钟,妈妈:"你这孩子,没听见我说话吗?"

孩子:"人和人是平等的,我和你一起看电视,你让我去睡觉,为什么你不去睡觉啊?"

妈妈:"我……"

 智慧点拨

家庭是孩子安全、可靠的港湾,孩子有权力在这个港湾中获得心理上的调整与生理上的恢复,以便更好地投入到学习与生活中去。对于青春期的孩子来说,如果在家庭这个港湾中也找不到可靠的倾诉渠道的话,很有可能使他们原有的认知结构和情感依附发生变化,容易导致孩子与父母的隔阂,进而对孩子的人生观产生消极的影响。

所以,家长要想方设法使自己成为吸纳孩子心里话的"海绵体",既将其中的内容能吸收储存,又能加以过滤引导,成为孩子最贴心的倾诉对象。那么,如何才能成为孩子的倾诉对象呢?家长不妨从以下几个方面着手。

★ 把孩子当成平等、独立的个体

成功的家庭教育是需要家长舍得拿出时间与孩子在一起,并以一种平等的态度与孩子交流，把孩子视作一个独立、平等的个体，用心体察，理解孩子的要求，尊重他们独立的人格，和孩子在思想上、感情上进行平等的交流。

由"情景模拟"中的对话可以看出，要想让孩子成为一个"听话"的好孩子，要想与孩子融洽的相处、平等的交流，作为成人必须要做好榜样，身体力行；必须放下头脑中长期存在的"长幼尊卑观念"——"我是爸爸（妈妈），你是我孩子，一切我说了算。"否则，只会适得其反，甚至会使亲子关系严重恶化。

★ 让孩子感受到父母的爱

让孩子感受到父母的爱与关怀的方式有很多。如：给孩子一个温柔的拥抱、一个柔和的眼神；微笑地向孩子道晚安，让他带着愉快的心情进入梦乡；或给孩子一份适时、适当的表扬、一句信任的话语或是一个问候的电话，这些都可以让孩子感受到你对他的爱。

★ 家长要不断争取进步

事实上，在一个家庭里，不但孩子本身要成长，父母亦必须不断地争取进步，否则，亲子关系便会随着孩子的成长而日渐淡薄，甚至可能导致双方无法沟通。

有一位年近40的母亲，突然报读了英文夜校，别人问原因时，才知道当她与两个分别在五年级及初中一年级就读的子女交谈或一同看电视时，孩子偶然也会像时下某些人一般，喜欢在说话时夹杂一两个英文单词，例如："今天玩得很 high"，"那个小女孩 very nice"等。只有小学文化程度的母亲，自然许多时候都不明白孩子们说话的意思，所以这位母亲经常要孩子解释英文单词的中文意思。

刚开始时，两个孩子都很乐意向母亲解说，有时还会开玩笑地说："那么简单都不懂，妈妈真笨！"后来，孩子渐渐表现出不耐烦或没有兴趣的样子了。在这种情况下，为了与孩子更好的沟通，这位母亲便报了成人英文夜校的课程。

孩子知道母亲读成人英文夜校课程的真正原因后，被深深地震撼了——

母亲为了他们什么事情都愿意尝试。后来，这两个孩子也经常教母亲学一些单词，纠正母亲的发音，母子之间的关系相当融洽。孩子还会把学校里的事情以及自己的心事积极主动地告诉母亲，一家人其乐融融。

可见，人与人之间的感情是相互的，孩子感受到家长的爱，就会敞开心扉，与家长交谈，增进亲子关系。何乐而不为呢？

五、多说孩子"爱听"的话

心理学家说"人最本质的需要是渴望被肯定",青春期的孩子同样喜欢听"好听"的话,如果父母说得有技巧,那么它会比批评、打骂都更容易达到预期的效果。可是,青春期的孩子已经不是思维简单的小朋友了,诸如"你真行"、"你真棒"、"妈妈相信你是最好的",这些针对性不强、不够具体的"好话",已经满足不了孩子,所以,对青春期的孩子说他们"爱听"的话,也是要讲究方法的。

1 赏识的言语 让孩子乐意与父母沟通

 情景模拟

妈妈:"院子原先太脏了,我不相信一天就可以把它收拾得这么干净。"

孩子:"我做到了!"

妈妈:"院子里原先都是树叶与垃圾,还有其他的东西……"

孩子:"我把它们都打扫干净了。"

妈妈:"这一定费了你很大的劲!"

孩子:"是的,我确实费了很大的劲。"

妈妈:"现在院子好干净啊,看着真开心。"

孩子:"它现在很漂亮。"

妈妈:"你愉快的笑容告诉我你很自豪,谢谢你,亲爱的。"

孩子:(灿烂地笑着)"不客气。"

 智慧点拨

一般来说,亲子沟通活动表现出下面三种活动形式。

家长→孩子:指家长通过语言、行为等方式作用于孩子。例如:告知、讲述、要求、命令、指使、示范等形式。在这个过程中,孩子基本上处于看、听的状态。即家长主动、孩子被动。

孩子→家长:指孩子通过语言、行为等方式作用于家长。如:讲自己的事、谈自己的想法、介绍自己的朋友、倾诉感情、发泄不满等。在这个过程中,家长主要是听、看的状态。即孩子主动、家长被动。

孩子⟷家长:指孩子与家长通过语言、行为、情感等方式相互作用。例如：互问互答、共同商量、讨论等。在这个过程中，家长和孩子建立了良好的情感联系，两者都处于积极主动的状态。

从日常生活中的大量实例中观察，家长和孩子的交往大多属于第一、第二种形式，尤其以第一种为多见。在亲子沟通中，家长一直习惯于以长者自居，时时处处体现出"一家之主"的风范，口口声声都离不开出于为孩子着想而表达的诸如"应该、不该、最好、不行……"等的语词。亲子之间的沟通停留在形式层面，只是完成了表面的一些事务，而未能进行真正的沟通、深入的交流，因而不能较好地建立互相信任、互相尊重、互相理解的良好亲子关系。

心理学研究表明，如果孩子总是被责备，他就会失去耐心；而如果他常常被夸奖，那么，他就会热爱身边的人以及热爱整个世界，并对未来充满美好的憧憬。

沟通是双方的互动，如果一方不愿沟通，那么，沟通必然失败。假设家长要与孩子沟通，当家长首先赞美孩子今天做的某件事情"非常好"时，他一定会心情愉快，会乐意与家长沟通。反之，当家长批评孩子"邋里邋遢"、"丢三落四"之后，他一定是懒得理会家长。所以，赞美往往使孩子愿意与家长沟通。

★ 赞美包括两个部分

赞美包括两个部分：家长对孩子说的话，以及孩子听了家长的话后在心里与自己的对话。

家长的话应该明确表达出自己很喜欢、很欣赏孩子的努力、帮助、体谅、创造或者成就的情感。家长的话应该让孩子能对自己的品格有一个比较客观的认识。家长的话应该像一块有魔法的帆布，这块帆布虽然不能给孩子提供帮助，但是，能让他们给自己画一幅正面的画像。

青春期的孩子心理上尚未完全成熟，他们在完成某项活动后的"成功与喜悦"只是一种自我认识，与其在活动中达到的实际水平并无直接的关系，而与父母、老师、同学等"重要人物"对他的评价密切相关，哪怕是极其微小的进步，假如父母能给予表扬性的评价，孩子就会体验到成就感，从而增强自信心。

★ 用赞美调动孩子的积极性

当孩子办好一件事家长就给予他真挚的赞美,比其他任何方式都更能激励孩子热爱生活与获取成就的热忱。积极性对孩子能力的培养起着不可替代的作用,它不可由外界强行注入,而需要从孩子的内心自觉生发。家长要给予孩子表扬时,语气要充满欣喜与赞赏,言辞中要传达出对孩子努力的承认、尊重与理解,孩子一定能从这些信息与赞赏中受益匪浅。

② 真实、具体的肯定最有效

情景模拟

孩子:"这是我的英语作业。"

妈妈:(一边看电视一边说)"不错,有进步。"

孩子:"就知道你会这么说。"

妈妈:"这孩子……"

智慧点拨

表扬和夸奖是孩子的维生素,父母要掌握表扬的艺术。表扬的艺术除了要适度、及时外,还要特别强调孩子令人满意的具体行为,表扬得越具体,孩子就越清楚哪些是好的行为。表扬其实包含两个部分:一是父母说的话语,二是孩子据此做出的推断。表扬越具体,孩子越能够根据父母的话对自己做出实事求是的评价。

当孩子做好一件事或掌握了一项技能时,不要总是简单地说"做得不错",而应该指出他们具体细节的成功。比如"你今天给灾区小朋友捐款了,真让妈妈高兴","我喜欢你的那个小发明"。具体的表扬会让孩子产生更大的满足感。当然,也要注意不要表扬过度或盲目表扬。

德国著名教育家卡尔·威特教育孩子的方法值得我们学习。

在老威特独特的潜能教育培养下,他的儿子小威特学业进步惊人,还不到8岁就已经通晓希腊语、意大利语和法语等多国语言,年仅9岁就成了大学生,16岁获得了海德堡大学法学博士学位。

老威特表扬儿子很注意方法,为了鼓励孩子学习,当小威特看完或

者译完一本书时，父子俩如释重负，一起喊着作者的名字，如"荷马万岁"，或者"维吉尔万岁"等，这时孩子的妈妈也进来道贺："恭喜恭喜。"接着就上街买回来许多东西，做小威特爱吃的菜，请两三个关系密切的亲友开晚会。开席之前父亲会首先说，这本书非常难，但是小威特以顽强的意志攻了下来，这使他取得了很大的进步，并且宣布孩子要攻读的下一本书的名字。然后人们就向他祝贺："恭喜恭喜。"这是一种针对孩子的进步来表扬孩子的方法，更有针对性，也更有效。

当你的眼睛一边盯着电视，一边扫瞄孩子的作业本的时候，你口里那些"不错，有进步"之类的话会让孩子觉得很虚伪，甚至还会让孩子日后对你的表扬产生抵触情绪和不信任感。而"你真是个好女儿"，"你做得棒极了"，"真聪明"等诸如此类的话，也可能会让孩子不知所措，如果长时间听到这类笼统的表扬，就会让孩子麻木，失去表扬本身给孩子带来的兴奋感和动力了。总之，父母对孩子的表扬应该是具体的、就事论事的，这样才会有针对性，孩子也会产生由衷的成就感。

事实上，在真实、具体的表扬孩子这一问题上，美国著名的教育学者劳伦斯·斯坦伯格也曾较全面地给父母提出过以下建议：

★ **用表扬孩子的具体成就的方式来表达你的反应**

家长要用表扬孩子的具体成就的方式来表达自己的反应，而不要把这一成就和自己对孩子的感情联系起来，比如说"你的读书报告做得很好"比说"当你在学校里表现好的时候，我以你为傲"要好得多。第一种评价包含着对读书报告的评价，而不是对学生价值的评判。后一种评价传递的信息是家长的爱是由孩子的学业表现所决定的（即使家长不是这个意思，但孩子听到这样的话，也会让他感到这就是真的）。家长可以既爱孩子又对他抱有很高的期望，但是无论在家长心里还是在孩子的心里，都不应该把爱和期望联系在一起。

★ **要表扬孩子所获成绩的质量，而不是来自他人给的等级或者评价**

说"你拼写那么好，我真为你骄傲"要比说"你在拼写测验中得了一个A，我真为你骄傲"好得多。因为孩子在青春期的时候，他们已经能够清楚地了解到他的成绩是由其他人分等级或者评价的,他不需要你再来指出这一点。

★ 父母应该关注孩子的成绩本身

父母应该关注青春期孩子的成绩本身,但是如果家长觉得必须对孩子的成绩做个比较,那就要把它跟孩子以前的成绩相比,而不是和其他人的成绩相比。称赞孩子的口语发音时说"你口语发音从来没有这么好过"这种方式要比"你口语发音比其他孩子棒"好得多。教室里孩子之间的竞争已经够激烈的了,家长不必再火上浇油。

★ 不要对孩子强调他已经尽力了

在孩子年龄小的时候说这点很对,但是当孩子大一些,进入青春期之后,这种反应就不是那么有用了。孩子到了三年级左右,他们就开始明白,人们的主要评价标准是成绩,努力只能起到注解的作用。如果家长告诉自己16岁的孩子,他在足球比赛或者课程考试中表现如何没关系,只要他尽力了就可以,孩子一定会嗤之以鼻,因为他知道家长这么说不够诚实。当孩子对自己的成绩很失望的时候,试着帮他找出下一次怎样能做得更好的建议,这要比说些空洞的陈词滥调更有帮助。

当孩子表现很糟糕的时候,不要批评他(因为不用你再说,他的感觉已经够糟糕了),但是也不要骗他,虚伪地说他做得很好,因为他知道他什么时候没做好。在不值得表扬的时候表扬孩子,只能降低表扬的价值。这种情况下父母需要关注的是建议孩子下次怎样才能更好。

最后有必要澄清一个概念:孩子喜欢受表扬是因为他知道自己在意的人因自己的突出表现感到高兴,所以感觉很好。但是,孩子喜欢受表扬并不意味着表扬是激励他的唯一方法。这点是家长在教育孩子时应该注意的。

3 用肯定和赏识替代否定和贬斥

 情景模拟

妈妈:"你应该先做完作业再出去踢球。"

孩子:"周末嘛,我踢完球再写。"

妈妈:"不行。你的数学成绩最近下降了好多,看看你上回的考试卷子,太差劲了!别老想着玩,我还想在你做完作业之后给你补习一下呢。"

孩子:"求你了,妈妈……"

妈妈:"不行,快去做作业。"

 智慧点拨

父母的语言是孩子成长的营养元素,爱的语言多了,定会结出"爱"的果子;恶的语言多了,就会结出"恶"的果子。肯定的话,是孩子成长过程中的正面信息;否定的话,是孩子成长过程中的负面信息。

陶行知在育才学校当校长时,曾发生过这样一件事。

一天,他在校园里看到男生王友用泥块砸本班的男生,陶行知当即喝止了他,并让他放学后到校长室去。

放学后,王友老早就站在校长室门口准备接受处罚。陶行知走过来,一见面却掏出一块糖果送给王友,并说:"这是奖给你的,由于你按时来到这,而我却迟到了。"

王友惊愕地接过校长手中的糖果。接着,陶行知又掏出了一块糖果放到王友的手中说道:"这第二块糖果也是奖给你的,因为当我阻止你不让你再打人的时候,你当即就停手了,这说明你很尊重我,我应该奖励你。"

王友更加惊愕了，他眼睛瞪得大大的，不知道校长在想什么。

陶行知又掏出第三块糖果放到王友的手里："我调查过了，你用泥块砸那些男生，是因为他们不守游戏规则，欺负女生；你砸他们，证明你很正直善良，且有跟坏人作斗争的勇气，应该奖励你啊！"

王友感动极了，他流着泪后悔地喊道："陶……陶校长，你打我两下吧！我砸的不是坏人，而是自己的同学啊……"

陶行知满意地笑了，他随即掏出第四块糖果递给王友，说："为你能正确地认识错误，我再奖励给你一块糖果，只可惜我只有这一块糖果了。我的糖果发完了，我看我们的谈话也该结束了吧！"

多么高明的校长！他用以奖代罚的方式触动了孩子的心灵。"亲其师，善其道。"当一个孩子被宽阔的胸怀所包容时，他内心产生的是深深的感激与强烈的震撼，那将会使他终身难忘。在这种情况下，不用批评、指责，孩子自己就已心悦诚服地知错了。

家庭教育是靠家庭语言来完成的，尤其对于青春期的孩子而言，他们与家人的沟通已经不像小时候那么多，所以家长的每一句话都要力求正确且具有影响力和渗透力。然而，一些儿童教育专家研究的结果表明，当今许多父母对青春期孩子使用的语言却是不十分正确的，最多的不良语言有三种：限制、挑剔、否定，这些语言被称为"家庭红灯"。

★ 限制词

"应该"、"必须"是父母经常用的词语。这是表达主观愿望、主观想象的词。父母强调的仅是自己的主观愿望，完全忽视了孩子的客观存在，用一种强硬的态度让孩子进入某种规定的位置，并按父母的设计修剪孩子。其结果，往往使孩子陷入不知所措之中，极大地影响了孩子思维的发展。

★ 挑剔词

在中国的家庭教育中，挑剔词比激励词的用量多好几倍。很多父母几乎是不停地去发现孩子身上的缺点，并迫不及待地对它们进行批判，

以为只有把孩子的缺点说出来才能使孩子获得帮助与改变。

基于这样一种教育思想，中国父母对孩子使用各种挑剔的语言时毫不犹豫，决不心软。其中最常用的有"太笨"、"不成"、"太差劲"等。这些消极的用词，完全是一种"负面信息"，它们过度地强化了孩子的弱点，最终会让孩子以否定的态度对待自己，从而对自己失去信心。

★ 否定词

孩子们在家每天所听到的父母常讲的词语中，由"不"组成的否定词为最多："不许"、"不能"、"不要"、"不可以"、"不聪明"、"不行"……

有一个孩子在一篇名叫《不许妈妈》的作文中，写了妈妈讲的许多"不许"的语言："不许淘气"、"不许晚回来"、"不许去同学家"、"不许看电视"、"不许乱花钱"……

这种家庭对孩子教育是由一连串的"不许"组成的，父母像警察似的，他们的任务是不断向孩子亮起红灯。但是，准许干什么呢，父母又没说。于是孩子只有不断地犯错误，不断地被指责。

4 别让孩子走向自负的极端

 情景模拟

妈妈："刚刚当着客人的面，你怎么能说那样的话！"

孩子："什么话？"

妈妈："客人说，他们家孩子英语成绩不如你，你倒好，接口'我英语就是好'……你让别人怎么看你！"

孩子："我管别人怎么看我，我英语本来就好！"

妈妈："唉……"

 智慧点拨

通常情况下，申斥和表扬在青春期孩子心里所产生的影响比其他阶段的孩子要强烈得多。一味指责和大声申斥更容易刺伤他们那颗脆弱而敏感的心，增大他们的心理压力，甚至会严重影响他们的身心健康。相反，若能得到表扬和赞美，他们便很容易受到鼓舞，自信心得以增强，进一步激发出更大的潜能。但是家长如果滥用溢美之词，也可能会适得其反，让孩子变得过于自信，甚至自负起来。

★ 自负的原因有很多方面

佟宇是个聪明活泼的男孩，他的爸爸是一家大公司的经理，妈妈在一家医院当医生。佟宇从小就生活在这样一个条件优越的环境里。在家里，他是爸爸妈妈的宝贝，要什么有什么；在学校里，他成绩优秀，是老师心目中的尖子生；在同学当中，由于他长得英俊帅气，大家还给他起了个响亮的名字——"白马王子"。

良好的家庭环境，父母的疼爱，老师和同学的赞美，再加上自己的天赋，使佟宇产生了一种飘飘然的感觉，而且这种感觉一天比一天强烈，"我就是比别人优秀"，佟宇总是这样想。

佟宇的爸爸妈妈也经常在别人面前夸奖自己的儿子，为有这样一个聪明活泼的儿子而自豪。所有这些都助长了佟宇自满和自傲的情绪。渐渐地，佟宇变了。在家里只要他稍稍不顺心就对爸爸妈妈发脾气；在学校里，佟宇更爱表现和炫耀自己，取得好成绩就自鸣得意、沾沾自喜，甚至不把老师的话放在心上；在生活中，他总是拿自己的长处同别人的短处相比，认为自己高人一等，瞧不起人……

父母看着越来越自负的儿子，不知道如何是好。

自信与自负往往只是一步之差。自负是以超越真实自我为基础的一种自傲态度和情绪体验，是一种不良个性的具体体现，其形成原因是多方面的。

第一，父母、老师的评价不恰当。家庭是孩子成长的摇篮，家长的态度和评价无疑是他们人生中第一面，也是最重要的一面镜子。如果家长溺爱孩子，对孩子总是表扬、夸赞其优点，对其缺点视而不见、避而不谈，那么这面镜子就会失真。这些片面的评价会给孩子一种错觉，以为自己就像父母所说的那样了不起，似乎没有任何缺点。而这些孩子在学校一旦被老师贴上"好学生"的标签，就会进一步强化其自负的心理。

第二，自我认识的偏差。自负主要是对自己作了过高估计，这是自我认识发生偏差的表现及结果。青春期的孩子最有价值的心理成果就是发现自己的内心世界。内心世界的丰富令他们惊讶，内心世界的复杂又令他们困惑。这种自我反思、自我观察受到自身认识水平的极大影响。由于其反省思维水平不高，加之成人感、独立意志的发展，在逆反心理的驱使下可能会造成他们反感甚至拒绝老师、家长的"帮助"，从而导致对自我的认识出现程度不等的偏差。其中两种极端化的情况是：有的孩子只看到自己的优点，看不到自己的缺点，或者夸大自己的长处，缩小自己的短处，过高估计自己的能力，相对于同伴有较强的优越感，从而产生自负心理。另一种极端化的情况则是低估自己，从而产生自卑心理。

第三，生活中缺少挫折和磨难。人的发展会受到生活经历的极大影响。生活中遭受过许多挫折和打击的人，很少有自负的心理；而生活中如果一帆风顺，则很容易使人养成自负的性格。独生子女一般家庭条件优越，如果在学校也表现得很好，就能获得肯定，目标相对而言更容易实现，这样的顺境会使他们产生自己是无所不能，对一切无所畏惧的错觉，因而盲目自信和自高自大。

第四，情感上的偏颇。有些孩子自尊心特别强烈，为了保护自尊心，在挫折面前，常常会产生两种既相反又相通的自我保护心理。一种是自卑心理，通过自我隔绝，避免自尊心的进一步受损；另一种就是自负心理，通过自我放大，获得自卑不足的补偿。例如，一些家庭经济条件不是很好的学生，怕被经济条件优越的同学看不起，装清高，摆出看不起这些同学的样子。这种自负心理是自尊心过分敏感的表现。

孩子抱有自负心理对其成长是极其有害的，家长应帮助孩子正确地认识自己，克服自负的不良认识。

★ 克服自负的法宝

第一，正确评价孩子。孩子的自我认识受到成人评价的极大影响，这就要求父母在进行评价时要客观、全面，不能只看到其优点，更要指出其缺点，万万不可忽视、缩小甚至帮助其掩盖缺点。对优点要表扬，但要适度。要让青少年意识到作为家庭、学校、社会的一员，理应有合格的表现。家长要提醒自负的孩子在看待自己的成绩时要实事求是，要认识到老师、家长、同学的帮助以及一些客观条件的促进作用，切不可把成功完全归功于自己，并因此而沾沾自喜。

第二，让孩子正确评价自己。孩子出现骄傲自大的坏习惯往往是过高地估计了自己，认为自己比谁都强，只看到自己的长处，看不到自己的短处，拿自己的长处去比较他人的短处，因此，狂妄自大，不会设身处地地替别人着想。作为父母应耐心地教导孩子，让孩子学会正确地评价自己，既认识到自己的优点，又看到自己的不足。家长还需要规范孩子的行为，督促他们改正骄傲自大的坏毛病，告诉孩子在交友中应该怎样做，不应该怎样做，并加以训练和指导，使其养成良好的行为习惯。

第三，指导孩子学会欣赏他人。学会欣赏他人才不会自视过高，对于孩子来说，学会欣赏他人并非易事，但只要在日常生活中稍加注意，从点滴做起，慢慢就会做到，从而克服自负心理，比如学会宽容、学会倾听、尊重与理解他人、关心爱护他人等均有助于孩子克服自负心理。家长可以让孩子为同班的每一位同学写出3条优点，并对同学当面给予赞扬。当孩子跳出狭隘的自我圈子，自负心理也就会悄然隐遁。

第四，以适当的方式进行"挫折教育"。家长可对自负的孩子提出更高要求，安排难度更大的任务，让其遭受挫折，感受一下失败，让他清楚地看到自己能力的不足，体验需要别人指导和帮助的感觉。

第五，奖励以精神鼓励为主，物质奖励为辅。其实，一般情况下，孩子只要能得到口头表扬，心理上就会得到满足。过多的物质奖励，有时会让孩子沾沾自喜、高傲自大、忘乎所以，甚至产生不思进取的心态，家长要防止孩子被夸奖声和赞许的目光所包围，不要让孩子因获得过多的物质奖励而产生畸形的满足感，懒于进取和努力，从而削弱了进取意识。

第六，以身作则，为孩子树立榜样。榜样的力量是无穷的，父母是孩子的第一任教师，是孩子效仿的榜样，父母对孩子的示范作用是巨大的。父母应该成为孩子高尚人格的榜样，要谦虚友善，不要在孩子面前表现出骄傲情绪，以免孩子受到不良影响。

5 学会向孩子道歉

情景模拟

妈妈:"你是不是拿我钱了?"

孩子:"没有啊!"

妈妈:"有需要你可以问我要,为什么要偷呢?"

孩子:"我真没有!"

爸爸回来,说钱是他拿的。

妈妈:"好了,知道不是你拿的了。快去洗手,准备吃饭吧!"

孩子:"我觉得你应该向我道歉。"

妈妈:"我向你道歉?"

孩子点头。

妈妈尴尬地笑着说:"走了,吃饭,有你爱吃的红烧鱼!"

智慧点拨

青春期的孩子已经有了自己的是非观念,当自己被冤枉或者受了委屈,很多孩子都会要求对方道歉。父母应该要懂得,道歉并不仅仅是公共场所使用的外交辞令,在自己家里也是必不可少的。如果父母因为误解孩子的言行而指责孩子,后来明白原来不是那么回事的时候;或是当父母不小心使孩子受到伤害时候,都应该要向孩子道歉。

日本横滨有位父亲在报上刊登了一则题为《给儿子的"道歉信"》的告白:"看了昨天你给我的信,对我震动很大,最近一段时间来,我性格变得很暴躁,漠视了你的感受。在此,请接受我深深的歉意。给

我一次机会，让我们像朋友一样说说心里话。看到这封信，就给我打电话，好吗？永远爱你、惦记你的父亲。"

我们可以相信，当儿子看到父亲这封"道歉信"后，他肯定会为父亲这种自责反省、愿与儿子平等对话的勇气所折服。如此运用广告的形式向孩子道歉，虽不宜大力提倡，但也可谓情真意切！

可是，很多的家长却总是觉得，如果自己向孩子认错、道歉，会很失面子，这种担忧其实是多余的。家长如果学会向孩子"道歉"，对教育子女无疑是大有裨益的。家长在家庭教育中出现过失、错误时，理当采取明智之举，勇于向孩子"道歉"，这样，定会让孩子笑逐颜开！这既是对自己行为负责的一种表现，也为孩子的为人处世作出了榜样。

在一个家庭中，父母如果从来不向孩子承认自己的缺点和过失，那么他的孩子就会产生父母"虽然永远正确但实际上却老出错"的观念，时间一长，就会对父母正确的教诲置之脑后。父母如能在自己对孩子做错事之后，立刻郑重地向孩子认错、道歉，那孩子就会懂得承认错误并不是一件什么可耻的事情，就会提高他分辨是非的能力。

★ 无论何时，承认错误都不晚

很多父母在孩子"闯祸"之后，往往由于一时的感情冲动，而对孩子进行了不恰当的批评或惩罚，但在事后，又觉得很后悔，可是没有及时的道歉，随着时间的推移，觉得更没有道歉的必要。其实，如果父母真的做错了，一定要向孩子承认错误，并且无论何时都不晚。卡哈被称为是"西班牙王国上空的一颗光辉灿烂的巨星"，他的成长就很好地说明了，向孩子道歉，无论何时都不晚这个道理。

十几岁的卡哈十分调皮，当他运用自己所学的知识造了个"真"的大炮时，没想到，一发射就把邻居家的小孩给打伤了，后来被罚款和拘留。

当他从拘留所出来后，他身为外科医生且通过刻苦自修当上了萨拉大学应用解剖学教授的父亲，把卡哈这个"顽童"着实训斥了一顿，并责令他停止学业，学补鞋子。

后来，父亲越来越觉得这样的处罚过于严厉，孩子闯了祸是要管教，但不能因噎废食。

于是，一年后，父亲上修鞋铺接回了卡哈，搂着孩子深情地说："我做得不对，我向你道歉。我不该因为你闯了一次祸就中断你的学业。从现在起，你就在我身边学习吧，你会有出息的！"

从此，卡哈潜心学习骨骼学，终于成为举世瞩目的神经组织学家，并荣获了诺贝尔奖。

父母为自己做错的事而道歉，并及时改正自己的行为，这样的行为和勇气无论何时都不会晚，而且父母只有这样才能更好地教育好孩子。

★ **道歉的注意事项**

道歉时一定要注意心平气和，并且道歉的主旨要明确，态度要诚恳，所说的道理要中肯。只有如此，才会有更好的教育效果。

惠子的父亲急了，明天就要期中考试了，惠子不在家温书，上哪儿玩去了？

过了会儿，惠子回来了。父亲没等惠子解释，就数落开了。惠子没言语，进屋学习去了。

过了几天，隔壁的叔叔忽然登门向惠子表示谢意。原来那天叔叔家来了电报，惠子想一定有急事，于是赶紧把电报送到了叔叔单位。电报上说，叔叔的母亲病危，让叔叔速归。就这样，叔叔终于在妈妈临终前见了老人一面。

惠子爸爸一听才恍然大悟，十分后悔，那天不该如此武断地批评孩子。晚上，惠子爸爸请惠子坐下，十分诚恳地做了自我批评，他这样说："孩子，我为上次责备你晚回家的事情道歉，你是为了给隔壁的叔叔送电报。请你原谅我。以后我一定会先问清楚事情的经过再发脾气。"

听了爸爸的道歉，惠子更爱爸爸了。

在家庭生活中，家长说错了话，办错了事，甚至冤枉了孩子，都是难免的，关键是发现错误后家长怎样处理。错怪了孩子，就态度诚恳主

动道歉，不敷衍，不找客观理由。有些家长认为这样做会有失尊严，其实不然，孩子是明白事理的。父母向孩子认错，给孩子树立了有错必改的榜样，会使孩子由衷地敬佩父母的人格和修养，从而更加信任父母，使一家人和睦团结，为孩子创造健康成长的良好环境。

6 给批评留一点位置

 情景模拟

妈妈:"以前你爸不让我批评你,今天我忍无可忍了,必须好好说说你!"

孩子:"我怎么了?"

妈妈:"怎么了?你还不知道自己怎么了?还在这儿跟我装是不是!你说,上次英语测试你得了几分?"

孩子:"86啊!"

妈妈:"我问过老师了,哪是什么86,明明是68!你现在说谎真是脸不红心不跳啊,以前对你太松了!"

孩子无语。

妈妈:"从今天开始,我可不管你爸那套'赏识教育'法了,该骂的时候我还是得骂你!不得了了这孩子!"

 智慧点拨

很多家长在反思如何教育孩子的过程中,走进了重表扬、轻批评的误区,甚至出现了所谓的"无批评教育"。其实,教育确实需要以表扬为主,加以正面引导,这是符合每个人的成长规律的。可是,以表扬为主,并非以表扬为唯一的方法。父母要看到,与表扬相对的批评,与奖励相对的惩戒,对于每一个人特别是青春期的孩子都具有特殊的意义。

青春期时孩子的人生观、价值观正在形成,如果没有适当的批评教育,那么他们就很难懂得为自己的过失承担相应的责任。父母应该对孩子的错误行为,进行入木三分的剖析,实施"厌恶疗法",让他们学会自我审丑,从而唯恐避之而不及。让他们在有充分心理准备的基础上,出一身冷汗。可以说，这样的批评会让孩子刻骨铭心、终生受益。

与孩子沟通的艺术是爱的艺术。批评与体罚、心罚是截然不同的，这是由于它不是出自恨或虐待狂之心，而是出自博大而深沉的爱。批评的目的，是培养孩子"面对挫折不被压垮的能力"，或者说是培养孩子的抗挫折能力。

但是，对孩子进行抗挫折教育和批评教育的时候，家长不能片面地理解为"骂"，事实上，单纯的"骂"是种粗暴的教育方法，不但不能达到父母预期期望的效果，而且还会使孩子形成说谎、冷漠、孤僻、仇视、攻击等种种心理问题。而这些，往往会成为孩子日后不良行为的诱因，尤其是青春期的孩子，一顿不分轻重的训斥，甚至会成为他们走上犯罪道路的根源，导致孩子出走、自杀等。

很难想象生于富裕家庭里的丁丁，一谈起父母来居然感受不到半点亲情。记忆里的父母都忙于自己的工作，父亲从没带他出去玩过，对他的教育不是呵斥就是贬低、讽刺，粗暴的父亲需要的是儿子的顺从和听话，母亲一般都是护着儿子，为了他的事情，父母的关系也变得紧张。

中考结束以后，丁丁落榜了，暑假里整天在家待着，除了上网，打游戏等，别无其他的活动安排，意志日渐消沉，精神逐渐颓废，自己懒得与同学联系，面对同学的邀请也基本上是回避状态，作茧自缚式的把自己困在里面。对于丁丁异常的言行举止，母亲看在眼里，疼在心里，比谁都着急，却又无计可施。

心理学实践证明，存在心理问题的孩子，大多数是由于父母采取了"单向教育"，他们不了解孩子的内心，刻板地说教、粗暴地打骂、无情地强制、精神的虐待，不仅恶化了亲子之间的关系，还让孩子丧失了安全感与归属感，从而影响孩子的身心健康与个性的健全发展。

因此，当孩子需要批评时，父母应耐心细致地做好孩子的思想工作，告诉他哪儿出了问题，怎么错了，同时还要告诉他，一样的错误不要重犯，要及时地纠正，要吸取教训，切莫用简单粗暴的方式对待孩子。只有这样，孩子才能健康地成长。具体来说，批评孩子时家长要做到下面几点。

★ 以正面引导为主

有些父母批评起孩子，张口闭口总是否定性语言："你真没出息"，"你真不争气"……有的净是挖苦讽刺。如此责骂不休，真不知究竟要是把孩子往正道上引，还是往邪路上推。正确的做法应该是，严肃认真地指出孩子的错误后，用肯定的语言，如"你是有出息的"，"肯定会争气"等，给予正确引导。要知道，任何批评其根本目的在于激发起孩子好的行为。

作为父母，一定要在批评孩子的时候注意，他虽然已经是十几岁的小伙子或者大姑娘，但也是一个人、一个孩子。

孩子有过错，理应批评，但其人格应受到尊重。批评应对事不对人，孩子和大人、被批评者和批评者，人格应该平等，批评可以严肃，甚至严厉，但这类似于镇痛药，用多了便失效。

★ 批评孩子不要做比较的责备

"哥哥像你这么大时都懂……而你却……""小妹都会做，你这么大了还不会呢。"也许有些父母认为，比较孩子之间的好坏，没什么不对，但对年龄相仿的孩子，这样做往往容易带来反效果。

★ "悄悄"地进行

批评是一种教育手段，也是一门微妙的教育艺术，高明的批评会产生意想不到的效果。在尊重孩子的前提下，轻声细语地和孩子讲道理，保护孩子的自尊心，这种"悄悄批评"的方式比大声、严厉地训斥更有威力。这是为什么呢？

首先，避免了孩子在他人面前的难堪。父母采用耳语，甚至把孩子叫到僻静处说话，体现了对孩子的尊重、保护。如若大声训斥，一下子让孩子处于尴尬处境，即使有的孩子想承认错误，想放弃不恰当的主张，也一下子没台阶可下。所以父母越训斥，孩子越坚持自己的立场。

其次，体现出父母与孩子友好协商的姿态，让孩子感到最终做出的决定是自己思考的结果，并不是父母强加给他的。

最后，能保持父母与孩子的亲密关系。许多父母大声训斥或批评孩子之后，都会难受半天，一方面是孩子的行为让自己生气，另一方面总

后悔不该发火。其实,即使父母的意见完全正确,也不应该肆意地当众训斥或大声责备孩子,而应该让孩子觉得父母始终是最可信任的亲人。

其实,"悄悄"批评是家庭教育中一种艺术化的教育方法,父母们只要细心体会,学会克制,是不难掌握的。

★ 掌握好时机

在批评孩子的时候,要注意及时性,不要拖延,如果惩罚时间相隔太久,孩子会感到莫名其妙。或许孩子在之前一段时间已经自悟,如果此时再加以惩罚,容易造成孩子的不满情绪。

另外,妈妈常对孩子说的那句"爸爸回家后就有你瞧的啦"的口头禅,并不适合实际情形。除非母亲能立刻把父亲叫回家来,否则母亲的当场批评要比等父亲下班回家再来批评有效。

★ 进行"冷处理"

所谓及时批评也应视年龄特点及错误性质来进行。有时需要有个时间跨度,抓住时机"冷处理"。对一些好胜或者倔强的孩子,有时不妨故意冷淡一下,使之感到无声的压力,从而主动反省自己的过失。

除了孩子需要"冷处理",父母也需要"冷处理"。父母在气头上教育孩子时,难免会有一场暴风骤雨,给孩子的心灵造成极大摧残。此时应先忍一忍,等自己冷静后再选择适当的时间、适当的地点、适当的方式教育孩子。

★ 与具体的指导行为相结合

批评是为了纠正孩子的不良行为。如果孩子因为玩游戏而耽误了学习,你可以说:"你因为游戏而耽误了学习,这是因小失大,咱们从明天开始严格控制玩游戏的时间,好吗?"这样既批评了孩子,还给孩子提出了该怎么做的指导性建议。

★ 家庭成员意见要一致

对于孩子的某种错误行为,父亲要批评,而母亲却一味袒护,一味宠爱,这样意见不一致,一来容易助长孩子利用父母矛盾的投机心理;二来孩子不易分清谁对谁错,无法在心目中确定长期稳定、正确的行为规范。

六、沟通的过程需要宽容

　　孩子在每个成长阶段，都需要父母的安慰、鼓励、理解和支持。当初他离开母乳，离开婴儿车，可以独立地进食，独立地行走，独立地用语言表达时，世界第一次向他展开了广阔的空间，而青春期带给孩子的是另一个全新的世界！走进这个世界的孩子，已经有力量去自我蜕变，而父母最需要做的就是在一旁注视着他，当他犯错的时候，微笑着欢迎他回家；当他受伤的时候，给他吹吹伤口，擦点药。

妈妈这样说，青春期的孩子才愿意听

❶ 原谅"顶嘴"的孩子

情景模拟

妈妈："这个节目真有意思！"

孩子："有意思吗？无聊死了！"

妈妈："不会吧，你瞧它多有教育意义。"

孩子："什么教育意义，烂死了！"

妈妈："不许你这么说话！"

智慧点拨

随着孩子青春期的来临，很多父母发现，他们对自己再不像以前那么顺从，与大人顶嘴的现象常会发现。其实孩子喜欢顶嘴不是什么绝对的坏事情，这说明孩子开始有了自主意识，他长大了。但是，对于孩子的顶嘴，家长也不可以放任不管，而应该采用正确的方法进行引导。

★ 寻找孩子顶嘴的原因

12~16岁是孩子的"心理断乳期"，据统计，爱顶嘴的孩子约占70%，这是一种正常现象。一般地说，孩子顶撞父母大致有以下几种原因：

第一，父母不考虑孩子的意愿，独断专行。比如孩子正玩得高兴的时候，让他立即停下来去做作业；孩子不愿弹钢琴，父母硬要他苦苦练习等，于是，冲突便在所难免。

第二，父母与孩子缺乏交流。有些父母一味采用家长制的教育方式，容不得孩子有半点不同意见。然而随着孩子的长大，孩子逐渐表现出自己的独立性，便会觉得父母对自己的行为干涉太多，就容易与父母发生顶嘴。

第三，父母平时对孩子过于溺爱。父母对孩子过于溺爱会使他们缺乏约束，不懂礼貌，在长辈面前我行我素，而父母又未能及时纠正这种行为。等到孩子的坏习惯已经形成，要纠正就比较困难了。

第四，父母自己以身作则不够。父母平时在家中不注意自己的行为，对老人不尊重，往往为一些小事与家人发生口角，这会对孩子产生潜移默化的不良影响。

★ 不要轻易责备批评孩子

孩子顶嘴时，家长不要随便责备孩子或用抱怨的语气与其交谈，这些批评有时候十分尖锐，却不完全正确，会伤孩子的自尊心，渐渐引起孩子内心的愤怒、埋怨，甚至仇恨。所以在开口责备孩子前先要弄清缘由，不要乱批评；需要批评时，要注意语气、场合和方式；批评时要循循善诱，使孩子心甘情愿接受。而对孩子的困难和挫折，要真心地帮助解决。这样，孩子还有什么理由与你顶嘴呢？

★ 减少溺爱举动

所有的家长都知道溺爱的害处。如果真是因为溺爱造成孩子顶嘴，那只能是从治根开始。在孩子明显是不讲道理地顶嘴时，家长要定下心来，"把孩子当成大人"一样给他讲道理。等到孩子有所改变后，要用鼓励的言行强化他的转变。

★ 做孩子的好榜样

这个方法其实也很简单，如果家长时常跟自己的爱人顶嘴，跟老人发生冲突，那管教孩子的力度就可想而知了。因此，多多以身作则，平日处事平和，不急不躁，遇到长辈时言行尊重，孩子自然会受到影响，不再顶嘴。

★ 鼓励孩子为自己申辩

对顶嘴的孩子，不要谩骂，不要体罚，要在家庭中发扬民主，鼓励孩子申辩。这可使孩子感觉到无论做什么，只有"有理"才能站稳脚跟，对发展孩子个性极为有利，一味地压制孩子，让他把委屈吞进肚子里，

只能造就委曲求全或满怀幽怨的性格。当然，孩子有时可能会"狡辩"，这时家长要正确引导，与孩子充分摆事实、讲道理。要知道，爱顶嘴的孩子一般都很有主见、内涵和智谋，只要正确引导，他们会早日成才。

★ 换个角度来"顶嘴"

许多家长对孩子顶嘴持反对态度，其实如果能够换个角度来看，孩子与家长之间的顶嘴不但能够培养其语言能力、思维能力，还能够让孩子宣泄青春期的烦恼，与家长更直接地沟通。

想达到这种"顶嘴"的效果，家长首先要注意话题的选择，要挑选有价值的话题，大胆引导孩子与自己争论。其次，家长应该做好一定的知识储备，不急不躁，适时提高嗓门，在关键的论点上"据理力争"，同时给孩子留一定的余地。再次，把握节奏，在孩子顶嘴的过程中，家长不能急于反驳，要给孩子充分的时间去思考，组织语言。最后，要适可而止，最好以总结性的语言结束对话。此时，要先让孩子发表看法，总结自己的观点，然后和孩子进一步沟通交流，既要充分肯定孩子的观点，也要指出他的不足。

其实，原谅孩子顶嘴，甚至是允许孩子顶嘴，不但不会影响父母在孩子心目中的形象，反而能增进彼此之间的感情。随着孩子年龄的增长，他也会更加理解和尊重家长，这对家长日后的教育与管理会有有力的帮助。

2 正确对待隐瞒错误的孩子

情景模拟

妈妈:"今天老师给我打电话了。"
孩子:"他……跟你说了什么?"
妈妈:"他说你考试作弊被抓了。"
孩子沉默。
妈妈:"为什么不跟我说这件事?"
孩子:"我……"
妈妈:"我最讨厌别人欺骗我了,你自己回屋反省一下。"
孩子沉默地离开。

智慧点拨

随着年龄的增长,许多孩子越来越喜欢封闭自己。尤其是孩子进入青春期后,随着独立意识的增长,使孩子越来越想脱离父母的管教,加上父母如果经常批评他,那么孩子就很容易产生逆反心理,往往不想把自己在学校的情况告诉父母,尤其是在自己表现不好的方面。对孩子来说,他认为告诉父母这些情况,可能会使他在别人面前很没"面子"。另外,孩子会觉得自己已是大孩子了,应该有一片自己的独立空间,自己能够处理一些事情了,不再需要事事都告诉父母。

小马进入初中已经快一年了,由于在小学时表现比较出色,父母对他挺放心的,小马也经常向父母报告自己在学校的好消息,比如受到老师表扬了、考试得了100分等。父母很是满意,认为孩子很听话,很懂事。

直到期末的家长会,小马的班主任向小马的妈妈讲述了他的许多事,

最突出的就是，小马虽然是个聪明的孩子，却经常会犯一些错误，经常不做作业，做作业也很粗心，老是出现不该出现的错误，几乎是每隔两三天就要受到老师的批评。妈妈这才知道，小马报告的只是自己好的方面，对自己不好的消息却是隐瞒不报。

这天，妈妈来到小马的房间，对小马说：

"小马，妈妈去开家长会遇到你们老师了，你猜老师跟我怎么说？"

"怎么说？"

"老师说你是个聪明的学生，总是很快就能够理解老师讲的内容，是吗？"

"那当然了。但老师总是讲得很慢，有时候我都不想听了。"

"那表示你的理解能力比较强，这是好事。但是，妈妈担心你以为自己听懂了，然后不听老师讲课，自己做自己的。结果，老师恰好讲了一些你不懂的内容，那怎么办呀？"

小马抓了抓脑袋，说："是呀，我也为这个烦恼呢。"

"你怎么知道自己有些没听懂？"

"有时候做作业的时候就感觉到了，好像有点印象，好像又记不住。"小马不好意思地看着妈妈说，"所以经常会出现一些错误。"

"你可没跟妈妈说过这些，是不是怕妈妈批评你？"妈妈问。

小马低着头，不说话。

"妈妈知道你长大了，不希望自己受到批评，这表明你有上进心呀。"听妈妈这样说，小马倒有些不好意思了。

"当然，既然你意识到问题了，就应该想办法去解决，你说是吗？"妈妈继续说道。

"嗯，我知道，我正想努力控制自己认真听课，不要再出现一知半解的情况，这样，做作业也会轻松得多。"

"妈妈相信你，你就这么去做吧。"妈妈鼓励道。

最后，小马果然克服了听讲不认真的坏习惯，成绩也上去了，而且，他还喜欢把自己遇到的问题告诉妈妈，让妈妈帮他一起想办法，母子俩的关系真是越来越融洽了。

孩子隐瞒错误并不可怕，可怕的是，知道错误后不改正。这样的话

父母逼迫孩子也没有用，反而会造成亲子冲突。有经验的父母会激发孩子的上进心，让孩子意识到怎样去做才是正确的，并努力做得更好。只有这样，孩子才会佩服父母的处事方式，更加喜欢与父母交流。

★ 要正确对待孩子的错误

父母应该明白，每一个孩子都会犯错误，不犯错误的孩子是没有的。如果父母能够正确对待孩子的错误，孩子就用不着向父母隐瞒了。

对于孩子的错误，父母要控制自己的情绪，让孩子明白知错就改是最好的方法。如果父母平时对待孩子的错误，动不动就斥责、打骂，孩子在这种经历下就会选择隐瞒错误，以逃避惩罚。因此，父母应该理智地对待孩子的错误，只要孩子向父母讲实话，父母就应该冷静地帮助孩子分析犯错误的原因，教育孩子知错就改，并鼓励孩子讲实话。

★ 要看到孩子的上进心

其实，孩子能够把自己好的一面告诉父母，或者隐瞒自己不好的一面，就说明孩子比较有上进心和荣誉感。父母对孩子的报告应该及时给予表扬。当然，表扬不能过分，应该让孩子明白获得成绩能够受表扬，但是还必须继续努力。

★ 改变对孩子的教育方式

父母如果发现孩子对自己隐瞒错误，就应该反省自己对孩子的教育方式。因为孩子已经长大，独立性和自我意识都不断增加，父母不应该再像以前那样对孩子进行面面俱到的教育，应该给孩子留出一定的空间，让孩子拥有独立的自我空间。

对于孩子的错误，如果问题不是很大，孩子有能力自己处理的，不必要求孩子每件事都告诉自己。父母可以告诉孩子，父母相信他有能力自己解决问题，如果需要父母帮助可以及时询问父母，如果自己有能力解决的可以自己去解决，但需要把处理的结果告诉父母。这样给孩子一些空间，让他进行自我管理，不但能够让父母及时了解孩子的情况，而且对提高孩子处理问题的能力是很有好处的。

3 别总是追究孩子的错误

 情景模拟

第一天，张帅迟到了。

妈妈："你为什么迟到？"

孩子："我起床晚了。"

第二天，张帅又迟到了。

妈妈："你又迟到了？"

孩子："我在去学校的时候扭伤了脚……"

第三天，张帅又没起晚，又没崴脚，可还是迟到了。

妈妈："你怎么还迟到？"

孩子："老师把早自习提前了20分钟，为的是迎接年终的统考，而这个通知正是我昨天迟到前两分钟老师公布的。"

妈妈："我看是你的学习态度问题，前天就迟到，昨天也迟到，今天又迟到！"

孩子："我……"

第四天，张帅没有去上学，他害怕再迟到。

 智慧点拨

父母总是喜欢严厉地责问孩子的错误，很少宽容孩子，在害怕情绪的支配下，孩子就学会了用撒谎、逃避等消极的方式来抵抗，实际上，当孩子出现这些问题时，作为教育者的父母首先应该反省自己，必定是教育者的哪些方面使受教育者的心灵和思想受到了伤害。

青春期的孩子承受着成长中的各种压力，许多时候，摆在他们面前的拦路虎并不仅仅是学习、生活中遇到的各种问题，更多的是他们心灵上遇到的问题，诸如恐惧、沮丧、迷茫、无助……尽管青春期孩子的身心发育还不完善，在处理许多事情时往往会出现错误，但是，随着他们不断的成长，孩子们自己会有一种自动纠错的功能，他们会意识到自己的错误，从而有意识地去改进。但是，父母总习惯于不断地呵斥孩子、打骂孩子，结果，孩子被骂怕了，被打怕了。当那种恐惧和无助的情绪占满了孩子的心灵时，可怜的孩子只好选择逃避、隐藏自己……

★ 小错不迁就，大事不追究

有这样一则故事。

一个男孩在玩旱冰鞋时，不慎撞到了一个女孩，女孩摔得还很厉害。男孩的母亲不但付了女孩的医药费，还给女孩买了很多营养品，但是她没有责怪小男孩，而是把旱冰鞋递给他，让他第二天再出去玩。本以为难逃一劫的男孩万分庆幸，内心为自己的错误悔恨不已，溜冰时小心翼翼，以后其他类似的错误也没再犯过。

现在，在港台地区，很多父母对孩子采取的是"小错不迁就，大错不追究"的教育方法。这种新思想有什么可取之处呢？

这些爸爸妈妈认为，孩子有了小错就像衣服上破了个小洞，如果不及时修补，洞就会越破越大，甚至整件衣服都不能穿。因此，孩子有了小毛病、小错误，譬如做事不认真等，父母都会很严厉地批评他。"小错不迁就"这样的教育方式，使孩子的坏毛病消失在"萌芽状态"。

那"大错不追究"呢？做到这一点比不迁就小错误更难。孩子不慎惹了祸，许多父母都会狠狠地教训一番，骂上一顿，再严管上好多天，以为这样孩子就能"痛改前非"了。可是，这样做的时候，往往父母没有好好揣摩孩子犯下大错或闯祸之前、之后的心理状态。除非特殊情况，孩子一般都不会主动去闯祸的，而且犯错之后，孩子的心里本来已经充满了恐惧、自责，如果再雪上加霜，就把孩子的心灵"冻感冒"了。智慧的父母，往往对犯下较大错误的孩子报以理解、宽容的态度。其实，父母不用说，孩子犯错之后，很自然会"吃一堑，长一智"的。

这种教育方法很值得我们借鉴。

★ 要学会先表扬，后指出缺点的沟通方法

父母在发现孩子错误的时候，要善于先找到孩子的优点，然后再指出缺点，让孩子更易于接受父母的批评。比如，"今天的数学考试比以前有进步，真不错。不过，要是可以再仔细一点儿，那道填空题就不会错了！"这样，孩子先感受到的是表扬，因而不会引发孩子的逆反心理。

★ 要重视孩子以后的行为，而不是追究以前的错误

既然错误已经发生了，再追究也是没有用了，不断追究只会让孩子产生烦躁不安的感觉，让孩子不断意识到自己的错误。父母的责任是培养孩子，而不是毁灭孩子。因此，每一位父母应该把眼光放在孩子的未来，而不是孩子的过去，只有这样，做父母的才能够托起明天的太阳！

4 用温和的态度对待做错事的孩子

 情景模拟

妈妈:"老师说你请同学吃饭啦!是不是有这回事?"

孩子:"嗯,有。"

妈妈:"你小小的年纪,不好好学习,倒把社会上请客吃饭的坏习气学到了。"

孩子:"我……"

妈妈:"快说,钱从哪里来的?"

孩子:"从你口袋里偷偷拿的。"

妈妈:"胆子真不小,今天看我怎么收拾你!"

 智慧点拨

青春期的孩子往往存在和父母沟通困难的问题,嫌弃父母唠叨、老套、落伍,对家长的话根本听不进去。当他们犯了错——有时是无意犯错,有时是逆反心理和父母对着干——有很多父母采取的手段是言语叱责,甚者棍棒相加。对于青春期的孩子来说,父母的打骂只会激起他们的反抗心理,在以后的行为中,孩子往往会和父母较劲,我行我素。

当孩子犯错误时,父母应采取温和的批评方式让孩子认识到所犯的错误,帮助孩子分析错在哪里,该怎样去改正,而不能采取简单粗暴的管教方式,否则只能让孩子关闭与父母的沟通之门。

如果"情景模拟"中提到的那位妈妈能够改变说话的方式,不但能够让孩子改正错误,而且还会处理好与孩子之间的关系。例如:

妈妈:"你拿了妈妈的钱到学校请同学吃饭,有这回事吗?"

孩子:"嗯,有。"

妈妈:"你觉得你做得对吗?"

孩子:"不对,我错了。"

妈妈:"你错在哪里?"

孩子:"我不该拿妈妈的钱。"

妈妈:"还有吗?"

孩子不吭声。

妈妈:"你在学校的主要任务是学习,不要沾染社会上的一些坏习气。还有,虽然你是拿妈妈的钱,可你不让妈妈知道,这也是小偷的行为,知道吗?"

孩子:"妈妈,我知道了,我以后会改的。"

妈妈:"以后如果碰到这样的事情,应该如实地告诉父母,不应该瞒着父母。还有,你平常也有自己喜欢的东西要买。这样吧,妈妈每月给你加一些零花钱,你花钱的时候,只要把花钱的情况做好记录,我们每月检查一次,发现记录得不清楚,就取消你1个月的零花钱。你觉得这样行吗?"

孩子:"行,谢谢妈妈!我保证不乱花钱,也会做好记录的。"

案例中的这位妈妈教育孩子的方式无疑是成功的,她用温和的批评方式让孩子认识到自己所犯的错误,并杜绝了孩子再犯这种错误的可能。

孩子就是在不断犯错误和不断改正错误的过程中成长和成熟起来的。父母应该给孩子犯错误的权利,在自己孩子犯错误时,应给予理解,并且给予孩子反省的机会和时间,用温和的方式让犯错的孩子不断走向成熟,走向成功!

★ 父母要避免粗暴、严厉的惩罚

大部分父母在孩子做错事的时候,总是很生气地责问他:"你为什么这样?"其责问的目的,是想用直接的方法让孩子自我反省。但是,当孩子没反应时,父母就会生气、动粗。

苏联政治家捷尔任斯基给父母的忠告是:"在他们痛苦与羞愧时要给以安慰,以便消除你发脾气时在他们心中留下的一切痕迹。母亲要呵护孩子的心灵，而不是相反的去伤害他。因此，你要记住，他们还是孩子，他们是无法了解你的，所以，无论如何不要在他们面前发火。"

★ 父母应该温和地鼓励孩子承认错误

父母要了解孩子犯错的动机，引导孩子对他的所作所为负责。当孩子向父母承认错误时，应该给予赞许。但对孩子所犯的过失也要有适当的处理，以免孩子以为只要"认错"就没事了。

★ 父母要消除对孩子负面评价的心理定势

父母对孩子过去的表现所形成的看法，会影响现在对孩子语言的理解，甚至可能造成误解和歪曲。所以父母应该尽量避免自己形成以偏概全、一坏全坏的心理定势。孩子是发展变化的，要排除主观偏见，耐心倾听孩子的心声。

妈妈这样说，青春期的孩子才愿意听

5 用谅解感化孩子

 情景模拟

孩子："妈妈，我忘了你让我回家先把饭热一下的事儿了……"

妈妈："怎么会忘记的？"

孩子："光顾着看电视了……"

妈妈："你这孩子，没心没肺的，就知道玩，一点事儿都帮不上妈妈。"

 智慧点拨

谅解、宽容是一种豁达和挚爱，就如一泓清泉，可以化冲突为祥和，化干戈为玉帛，化仇恨为谅解；谅解、宽容是一种神奇的解毒剂，以宽厚之心对待孩子，就会使家长与孩子之间具有更多的信任与尊重。

在工作中，很多家长能做到宽容朋友、同事，在家庭教育中，家长也要尽力做到谅解、宽容自己的孩子。青春期的孩子身心都没发育健全，他们容易犯这样那样的错误，这时候，家长应该给予他们谅解宽容，谅解宽容他们因为害羞而不好意思跟老师打招呼；谅解宽容他们因为粗心而忘带作业；谅解宽容他们因为贪玩而不完成作业，谅解宽容他们因为动作缓慢拖拉而迟到；谅解、宽容他们因为好动而上课不专心听讲……

人总是害怕犯错误的，一旦知道自己错了，内心便有惶恐感或负罪感，一般就会希望得到他人的谅解。因此，此时面对家长的宽容谅解，孩子就会心存感激，便会下决心改正自己的缺点。

★ 用宽容之心面对孩子的学习成绩

对于青春期孩子的家长而言，最关注的除了孩子的健康以外，可能就是孩子的学习成绩了,如何以宽容之心面对孩子的学习成绩呢?最为重要的是要摆正自己的心态,要意识到不是只有成绩好才有出息。

此外,孩子成绩不好,家长是否想过为何成绩不好?是学习方法存在问题?学习习惯没养成?没有学习目标?孩子本身没有努力?还是家长只关心成绩,而没有真正关心孩子的内心世界及孩子心中的感受?家长要意识到每个孩子都有上进心,即使考0分的孩子也想有突破,就看家长有没有给予他理解。同时,家长可以在心中告诉自己只要孩子尽力了,成绩并不是唯一的。

★ 用宽容之心面对孩子所犯的错误

有句古话"金无足赤,人无完人",世界上没有十全十美的成人,更何况正在成长的孩子呢?况且错误也没有一个定论,只要不是原则性的错误,家长不必发怒,给孩子脸色看。孩子毕竟是孩子,难免犯错误,而且在很多情况下,孩子并不是故意犯错误的。所以,当孩子犯错误之后,作为家长,就应当正确对待孩子所犯的错误。只有这样,才能让孩子不断从错误中吸取教训,总结经验。这也正是所谓的"吃一堑,长一智"的道理之所在。

其实,孩子在犯了错误之后,除非他没有意识到自己的行为是一种错误之外,否则在一般情况下他本身就会有一种负疚感和纠正欲。例如"情景模拟"中,孩子忘记了热饭,那么当下次妈妈再交代他热饭的时候,他一定会记住的。此时,家长只需要提示一下,孩子就很容易改正自己的错误。相反,如果这时候家长一味责怪孩子,孩子则可能会产生一种抵触或逆反心理,反而不利于孩子对所犯错误的认识和改正。

对孩子宽容,不仅能让他心悦诚服地认识到自己的错误,而且在日积月累的"被宽容"之后,他也会潜移默化地学会去宽容别人。

★ 宽容并不是纵容

什么是宽容?什么是纵容?

宽容的关键在于接受孩子拥有法律规定的各种权利,有各种各样的情绪与愿望。愿望的自由是绝对的,是不受任何限制的。所有的情绪与幻想,所有的想法与愿望,所有的梦想与渴望,不管内容怎样,都应该

接受，都应该受到尊重，并且可以允许通过适当的方式表达出来。

纵容与宽容的界限在于，孩子对表达自己的情绪和愿望虽有自由，但是家长如果允许他们实施一些过分的行为，那么就是纵容。就前面一个例子来说，孩子想要多玩一会儿游戏的想法，家长应该宽容，虽然孩子处于青春期了，是个"小大人"了，但是也有贪玩的时候。然而，当孩子一而再，再而三地提出多玩一会儿这样的特权要求的时候，如果家长一味同意，那么就是纵容了。

家长对孩子宽容，接受他们所有的感觉，能够给孩子带来信心，增强孩子表达情绪和想法的能力。而家长对孩子过分纵容，虽然可以换来孩子一时的开心，可是后患无穷。那么，家长如何做到宽容而不纵容呢？

第一，制定必要的限制。孩子需要一个清晰的界限：什么行为是可以接受的，什么行为是不可以接受的。没有父母的限制，他们很难不依照他们的冲动与欲望行事。当他们知道被允许的行为的清晰的界限时，他们做事就会变得有分寸。

所以，对孩子的日常生活，家长应对一些重要项目作出必要的限制。限制既不能专断，也不能反复无常，而是要有教育意义。切合实际的限制可能会使孩子自愿改变某种行为，从这个意义来说，父母的限制可能最终会让孩子成为一个自律的人。通过认同父母及父母体现出来的价值，孩子的内心会获得自我调整的标准。

第二，执行已经定下的限制。对父母而言，定规矩、作出约束很容易，制定比执行这些限制要容易得多。当孩子向这些限制挑战的时候，父母应该学会灵活处理。因此，在实施限制时，要注意孩子是否对限制反感，如有则要及时进行一定的调整，尤其不能由于孩子怨恨禁令而额外惩罚他们。

6 不妨幽他一默

 情景模拟

在书店里,妈妈说:"又找到了你喜欢的军事杂志?"

孩子:"是啊!"

妈妈:"多少钱啊?"

孩子:"68。"

妈妈:"够咱们三天伙食费了……孩子,妈妈跟你商量件事儿行吗?"

孩子:"什么事儿?"

妈妈:"你热爱军事,妈妈支持!可你的'军费开支'太大了,现在是和平时期,我们减少点军费支出如何?"

孩子:"哈哈哈哈,行!那我就多跑跑图书馆好了!"

 智慧点拨

家庭教育的方式多种多样,有的拍案拍凳,有的心平气和,也有的风趣幽默。任何教育的本质都在"教育"两字,无论哪一种方式,都离不开生活理念的灌输,但不同的灌输形式产生的效果大不相同。

心平气和的教育能使孩子体会到自己与家长在人格上的平等,但因为语言平淡,不疼不痒,无法产生持久的效果;疾言厉色式的教育可以威慑孩子,但它容易让孩子产生对抗心理,是一种不得要领的教育方式。幽默是家长与孩子沟通的有效方式,在教育孩子时,家长对孩子幽默一点,让孩子在开口一笑的同时,自然而然地接受你的理念。这样,幽默不仅是一种教育手段,实际上它还传达给孩子一种乐观开朗的精神状态。

★ 让家教略带一些幽默

东方传统的家庭教育大都严肃多于宽容，从一些俗话便可见一斑，如"三天不打，上房揭瓦"、"棍棒底下出孝子"。在这种教育思想影响下，父母与孩子的关系往往弄得非常对立。殊不知，最好的家教应该略带一些幽默。

有位母亲发现刚上初中的儿子衣袋里有半包香烟，她没有对儿子大加训斥，而是把香烟摆在儿子面前，和颜悦色地说："你想学抽烟是不是？我把它的'好处'总结一下，若不全面你再补充：一是可防小偷，吸烟可以引起剧烈咳嗽，小偷知道有人在家就不敢轻易下手；二是节省衣料，长期吸烟终成驼背，身体'矮了'，自然就节省布料；三是吸烟能使面色黄中带黑，演包公不用化妆；四是永远不怕老，因为吸烟越厉害，活到老的可能性越小，这样就用不着怕老。"儿子听了母亲的这番话，不好意思地笑了，从此远离了香烟。

教育中处处都可以透着幽默，比如：

孩子吃饭只顾看电视，很久都吃不完饭，家长可以在晚餐的时候故意只端出白米饭，什么菜都没有，同时说："咱们今天用电视下饭，反正你眼睛从来只看电视，不看菜的——你只吃米饭，速度肯定会快很多……"

带着幽默因子的家庭教育能有效消除孩子的逆反心理，缓解亲子之间的矛盾冲突，让孩子在由衷的笑声中感受爱心亲情，接受教育启迪，这比单纯的说教更具有感染力和说服力。同时巧妙地营造幽默氛围，还有助于培养孩子乐观向上的处世态度，增强孩子的社交能力和语言表达能力。

★ 幽默绝非油腔滑调，强词夺理

家长需要注意的是，幽默绝非油腔滑调，强词夺理。幽默是一种含有理智性、健康性与趣味性的心态和力量。家长要想寻得幽默教子良方，首先必须加强自身修养，努力丰富知识，使自己不仅具有乐观的心态，还要具有敏锐的观察力，丰富的想象力及较高的语言表达能力。同时，家长还要注意孩子的认知水平，接受能力，否则很容易造成家长自以为很幽默的话语，却让孩子摸不着头脑，弄不明白意思。

7 善待失败的孩子

 情景模拟

妈妈:"这次考了多少分?"

孩子:"78……"

妈妈:"把卷子拿出来,我看看。……你怎么搞的,这么简单的题都会算错。白白丢了5分,再看看,你真够笨的!"

孩子低头无语。

又一次测验考砸了之后,妈妈说:"怎么还是没有进步,你真不是学习的料……"

孩子无话可说。

 智慧点拨

生活中像上面这位妈妈的家长不在少数。许多家长都经历了这样的心理变化过程:先是望子成龙、望女成凤,倍加宠爱。当孩子遭遇失败时,许多父母首先想到的竟然是向孩子施加压力。于是,恐吓、威胁、打骂等现象不断发生,最后,父母往往会认为,孩子不是那块料,孩子已经无可救药。这种家长总是埋怨孩子不争气,不理解自己的苦心,却很少反省自己。

可是,孩子为什么不能理解父母望子成龙的心情呢?其实,归根结底并不是孩子不理解父母,而是父母不能理解孩子,他们向孩子提出要求的时候,并没有从孩子的立场出发,没有注意与孩子交流的方式。

从心理学的角度来看,面对失败,任何人都会感到沮丧、难过,并且自责、后悔,这个时候是他们最伤心的时候,也是最脆弱的时候。青

春期的孩子更是如此，甚至他们内心比成人又多了一层敏感——怕被爸爸妈妈数落。这个时候他的内心需要安慰、理解和鼓励。有的小孩子天生自尊心强，如果失败后得到的只是一顿责骂，他心里就会留下一个阴影。一句"笨蛋"可能会伤害孩子的自尊心，而来自失败的打击越多，孩子就越会产生自卑感和抵触情绪，他不仅不会向父母寻求帮助，还会逃避父母的询问，结果变成了一个"笨孩子"。

★ **给予孩子温情的鼓励**

其实，孩子在成长的道路上不可能是一帆风顺的，总要经历失败和挫折。当孩子失败或碰壁的时候，父母应及时给予孩子温情的鼓励，让孩子用勇气、信心再试一次，从而克服困难，获得成功。

如果父母都能够像下面案例中的妈妈那样，孩子的心灵就不会受到伤害，自信心也就不会受到打击。

期末考试成绩出来了，全班29个同学，宇桐考了第23名，而他邻居家的孩子吴迪考了第一名。

宇桐从来都不认为自己是差生，可是，这样的名次让宇桐有了强烈的挫败感，他觉得自己太笨了，沮丧的心情让他打不起精神。

妈妈看出了儿子的神情不对，就问宇桐："怎么啦，孩子，不舒服吗？"

宇桐流着泪说："妈妈，你说我是不是很笨？我认真听课，认真地做作业，为什么我还是考第23名，而吴迪却能考第一。"

妈妈摸了摸宇桐的脸，温柔地说："妈妈不认为你笨，你比以前进步很多了，妈妈相信你会越来越好的。"

第二学期考试结束，宇桐考了第16名，而吴迪仍是第一。他想不通，自己比吴迪更努力，但为什么就是考不过吴迪。

这次，宇桐问了妈妈同样的问题。妈妈还是说："你不笨，你比上学期进步多了，你会越来越好的。"

宇桐小学毕业了，他的学习成绩仍然没有吴迪好，但是，宇桐已经进入了班级前10名。

初中时，宇桐依旧能听到妈妈这样鼓励的语言，等升入高中时，宇桐已经成了全校的尖子生。

温情地鼓励孩子，会让孩子战胜失败，让孩子越来越进步，离成功越来越近。宇桐正是在妈妈"你比以前进步多了，继续努力，你会越来越好"的鼓励声中，逐渐跨越障碍，并最终取得了好的成绩。

家长不妨看看这一段优美的文字：

"假如你的孩子不能成为参天大树，那就让他做一棵默默无闻的小草吧，他一样可以给你带来春天的美丽；假如你的孩子不能成为一片汪洋，那就让他做一朵最小的浪花吧，他同样可以带给你跳动的喜悦；假如你的孩子不能成为一位名人，那就让他做一个平凡的人，无论是地地道道的农民，或是普普通通的工人，也无论是一名军人，还是一位商人，只要他诚实、正直、善良、上进，为父母者都应该感到高兴，因为你们培养出来的孩子是一个对社会有用的人，这就足够了。"

可见，当我们的孩子失败时，我们应该理解、宽容孩子，并鼓励孩子在哪里失败就从哪里爬起来。尤其是当孩子考试失败的时候，父母更应该全面看待孩子，不应全盘否定孩子。

★ 对症下药，先鼓励后提醒

孩子做一件事失败了，他也并不一定就能对失败有正确的认识，或许他只是担心害怕，没有去想自己失败的原因。那么父母这时就应该是一个引导者，首先肯定孩子的努力，然后再提醒他做得不够的地方。父母对孩子说"你很棒的"、"你很勇敢"这样的话，激励孩子，让他知道自己也有值得肯定的地方；然后再慢慢指出失败的原因，加以提醒和鼓励："某方面还有不足，要稍加注意，一定会有进步的。"如此一来，孩子的情绪不再停留在面对失败的恐惧上，而是转而思考失败的原因，考虑怎样才能不再失败。

★ 引导孩子坦然面对失败

每个孩子总会碰到不称心的事情，即使天性乐观的孩子也是如此。很多父母认为，孩子还小，经不起失败的打击，就一味地迁就孩子，从不让孩子受苦受累。如果家长不引导孩子学会坦然地面对失败，就无法使孩子形成正确的认识态度，孩子就无法学会战胜失败的本领。所以，当孩子遇到困境时，父母要多留心孩子的情绪变化。如果孩子闷闷不乐，无论自己多忙，父母也应该挤出一点时间和孩子交谈，教育孩子学会忍耐和随遇而安，鼓励孩子凡事多往好的方面想，不要老往消极的方面想。只要孩子愿意与父母沟通，把心中的烦恼说出来，烦恼很快就会消失。

七、这样惩罚孩子最科学

从父母的角度来说，惩罚主要是为了孩子好，但是，几乎所有父母都不愿意看到孩子因为自己的惩罚而变得情绪低落，没有自信心、自尊心；或者整天小心翼翼，像行走在雷区一样，生怕走错了一点而踏响地雷；更不愿看到孩子因自己的惩罚而产生"抗药性"，觉得一切都无所谓，批评、不批评一个样……由于青春期的孩子不成熟的心理，他们很可能会因为父母"为了孩子好"的惩罚，变成这副模样。所以，请不要任意惩罚孩子，而是努力去寻找科学、正确的惩罚孩子的方法。

1 父母关于惩罚的观点要一致

情景模拟

妈妈:"你这样拖拉地做作业,按照咱们的约定,从今天开始不许看电视,玩电脑!"

孩子:"爸爸说了,今天情况特殊,他同意不惩罚我!"

妈妈:"爸爸什么时候说的?"

孩子:"就刚刚啊,你回来之前!"

妈妈:"不行,必须按我说的做。你现在赶快去写作业!"

孩子:"哦……不知道该听你们俩谁的……"

智慧点拨

妈妈这样说,爸爸那样说,作为孩子应该听妈妈的,还是听爸爸的呢?真是左右为难。这件事,应该怎么看呢?妈妈埋怨孩子,爸爸赞成孩子,且不说孩子的做法正确与否,仅就父母双方教育孩子的方法和态度来说,是不应该出现不一致的,尤其在惩罚孩子这件事情上更是如此。虽然父亲和母亲的做法其实都是以爱孩子为出发点,目的也是一致的,但是方法和态度不同,效果是可想而知的。

著名教育家陶行知先生认为:"做父母的对子女的教育应有一致的措施。中国家庭教育素来主张刚柔并济。父亲往往失之过严,母亲往往失之过宽,父母所用的方法是不一致的。虽然有时相成,但弊端未免太大。因为父母所施方法宽严不同,子女竟至无所适从,不能了解事理之当然。并且方法过严易失子女之爱心,过宽则易失子女之敬意。这都是父母方法不一致的弊病。"马卡连柯也说:"家庭集体的完整和一致,是良好教育的必要条件……谁想真正地、正确地教育自己的孩子，那么他就应该很好地爱护这个一致。"

青春期的孩子已经很能看家长的眼色行事了，爸爸若是管得松，肯定"投靠"爸爸，和爸爸一起来对抗妈妈。在妈妈的教训下，爸爸对孩子的行为给予肯定，不仅没有形成合力，反而造成家庭教育力量的互相抵消。青春期是孩子一生中的关键时期，父母必须要表现出教育的一致性来，这样才能发挥教育应有的作用。

那么，家长怎样才能达成意见一致呢？

★ 一起制定奖惩机制

家长可以回顾一下孩子近期的表现，哪些方面有了进步，哪些方面没有明显变化，哪些方面有待继续改进。在此基础上，定下一个培养计划和奖惩机制，机制定下以后，严格按照规矩来对待孩子，父母双方要互相支持，不要互相"拆台"。另外，父母双方在教育孩子上可以有侧重点的分工，比如，父亲主管学习，母亲主管生活，在各自主管的那一块，有奖惩的话语权。这样就可以形成有合力、有目的的教育。

★ 注意教育的客观性

在对具体事物的认识上，由于看问题的角度不同，会产生不同的看法。父母在遇到一些教育难题的时候，要事先沟通好，不能你一个说法，我一个说法，在惩罚孩子的时候产生分歧。但惩罚孩子有一个总体原则，父亲和母亲都要遵循教育规律，按照教育规律和儿童成长规律去教育孩子，不要从个人的立场、观点和方法出发。

★ 和上一辈做好沟通

还有一种情况，父亲和母亲是一致的，爷爷和奶奶，或者姥爷和姥姥在惩罚孩子的问题上，为了护短，出现了与父母不一致的方法。本来孩子做错了事，应该批评，老人们却常常把孩子的缺点当优点，在老人们眼里看不到孩子做错事的危害，却看到了孩子聪明的一面。本来不应该买的东西，因为溺爱，他们却满足了孩子的要求，父母看在眼里，觉得不对，但又毫无办法。

爷爷、奶奶和父母是两代人，除了在年龄上有较大的差异外，思考方式、生活经历、个人爱好、生活习惯、社会条件以及所受到的教育等，都存在很大差距。在教育晚辈方面持有不同的意见、态度和方法是正常的；因此，父母既要看到老人溺爱孩子的"必然性"，可以先肯定老人的慈爱之心，尊重老人的劳动成果，对老人的哺育之情表示由衷感激。然后，向老人陈述正确教育孩子的责任以及溺爱孩子的危害性，希望老人配合共同教育好孩子。例如，不偏袒孩子的短处，不娇惯孩子，孩子来看望时，不要给孩子零花钱或唠叨"你妈不会照顾你"之类的话。如果采用了讲道理的方法解决矛盾，老人一般会通情达理，共同承担教育孩子的重担。

2 孩子应该受到怎样的惩罚

 情景模拟

妈妈:"瞧瞧你干的好事!去,到房里闭门思过!"

孩子:"去就去……"

十五分钟后,妈妈说:"让你闭门思过,你倒好,玩起电脑来了!"

孩子:"你又没说不让我玩电脑,我只要待在自己的房间里就算'闭门思过'了,不是吗?"

妈妈:"你……"

 智慧点拨

如果孩子做出违反行为规范的事情,通常只有三种方式来改变他的行为举止:一,惩罚他;二,等他做出的正确行为奖励他;三,或者向他说明他的行为为什么是错误的,下次希望他能怎样做。

比如,孩子总是欺负女同学。如果家长不想让他这样,那可以在他每次欺负女同学之后惩罚他,也可以在每次他很友好地和女同学相处时奖励他,或者告诉他一个人被人欺负会让他感到很难受,所以不应该欺负他人。如果使用恰当,这些方法多少都会起作用,从而达到家长想要的效果。

认为惩罚本质上来说对孩子身心不利,或认为惩罚远没有奖励和解释来得有效,这样的观点并不正确。关于惩罚,或者关于几乎任何一种规则技巧,其关键并不在于该不该用,而在于什么时候用、怎样用。无论惩罚、奖励还是解释,只要运用适当,都能带来好的效果,反之,运用不当,则收效甚微。

惩罚孩子的方法有很多，但都属于以下两个大范畴。

★ **惩罚第一大范畴："权威宣言"**

顾名思义，权威宣言就是指那些基于家长的家长权威这个有利条件的惩罚方法。对孩子大吼大叫、罚他面壁思过或把他赶进自己的房间，这些方法都属于权威宣言的范畴。其中一些方式比较好（如面壁思过、剥夺特权等），一些则不太好（如大吼大叫）。

★ **惩罚第二大范畴："亲情撤回"**

这个就不能单从字面上来理解了，因为用这类方法惩罚孩子的时候需要家长"六亲不认"，隐藏起对孩子的全部感情。这类方法包括任何的让孩子感到伤心、充满罪恶感，让他因家长的失望或生气而感到羞耻的各种惩罚方式。不跟孩子说话、对孩子不冷不热、告诉孩子他做的事情让家长心烦意乱，或告诉孩子他让家长很失望，这些都属于这个范畴。

就像权威宣言那一类一样，亲情撤回中，也有一些很好（比如告诉孩子他的所作所为让家长感到失望），有一些则不好，而这些家长一般不应当使用（如告诉孩子做他的父母让家长感到很可耻）。

了解权威宣言和亲情撤回这两类惩罚的区别是有效地运用惩罚来管教孩子的第一步，因为这两类方法要应用于不同的情况、不同的事由。一旦明白了这一点，家长就能知道在哪种情况下，其中哪一种惩罚更有效。

只有家长的威严可以管住孩子时，权威宣言才会起作用。这就是为什么很多属于这个范畴的惩罚方法只有在孩子年纪比较小时才能起作用。比如。对6岁的女儿大吼大叫也许会起作用，因为6岁的孩子会害怕比她强的人对她的吼叫；但如果对16岁的女儿大吼大叫，作用就不大了，因为大吼大叫不会让一个已经16岁的孩子感到害怕，即使是来自家长的吼叫。因此随着孩子逐渐长大，尤其到孩子进入了青春期，权威宣言作为管教孩子的一种惩罚方式就变得越来越没有效果。

那么，亲情撤回的惩罚方式怎么运用呢？只有孩子对家长或家长们之间的关系特别在意时，他才会因为家长的不安和失望而感到伤心、羞耻、充满罪恶感，此时亲情撤回的惩罚方式才会有效。如果家长和孩子之间的关系非常亲密，那么亲情撤回无论在孩子的哪个年龄段都会非常有效。运用这种方法，家长可以很成功地让孩子停止家长认为不妥的行为。但是，如果家长和孩子的关系本来就很疏离，那么对孩子故意不冷不热就只是浪费时间了。如果孩子并不想要赢得家长的欢心，那么家长的失望绝不会让他感到伤心或充满罪恶感。这样一来，很讽刺的结果就是，家长需要和孩子保持一种亲密关系的原因，只是为了家长在不得已的情况下所施行的惩罚能有良好的效果。

在这里需要向家长指出的重点，也是有效惩罚的第一要义就是：一定要让孩子感到不快，这样惩罚才会有效。比如，如果家长要拿走孩子的什么东西作为惩罚，就得拿走他真正喜爱的，而且要保留足够长的时间，让他特别想要回它；如果想用面壁思过的方法来惩罚孩子，那么面壁的时间要足够长，长到能让孩子觉得一个人呆着特别难受。

大多数家长都很明白这个逻辑，但令他们的惩罚没什么效果的原因就在于他们不忍心看到孩子难受。但是，惩罚一定要让孩子难受才能有效果，才能让他下次不再随便发生同样错误的行为。

这就是为什么家长不能为了惩罚孩子，就把他关进他自己房间的原因，因为他的房间里堆满了可供他玩乐的电脑、书本……如果孩子不介意被关在自己的卧室里，那这就是一个收效甚微的惩罚。同样的，罚孩子面壁思过，中途却又因为他一直抱怨、表情很难受就给他解禁。这也没有一点价值，根本达不到惩罚的效果。

很难说，对于孩子什么样的惩罚收效最好，因为不同的孩子对不同的事感兴趣，相应地就会有不同的事让他们感到难受。如果是想取悦家长的孩子，试着让他充满罪恶感这种方法很有效；如果这个孩子一点不关心家长的感受，那这种方法就无效了。如果孩子很外向，有很多朋友，那剥夺他自由使用电话的权利就会有效，但这对于那些本来就很内向、没有多少朋友的孩子就不起作用。对于一个经济上依赖家长的孩子来说，扣除他一个月的零花钱这种惩罚很有效；可对于自己平时有储蓄习惯的孩子来说，他自己可以用压岁钱等储蓄负担零用钱，那这个方法就没有效果了。

下面是关于施行有效惩罚的两个重要因素。

★ 惩罚必须保持一贯性和持续性

这一个因素很多家长肯定都不陌生，即为了使惩罚有效，必须要保持一贯性和持续性。事实上，这种惩罚的始终如一远比家长采取的惩罚方法更重要。比如，要想纠正孩子攀比的坏习惯，家长就得在他每次想要和人攀比的时候，对他施以惩罚。这肯定能比断断续续地、时不时地对他进行惩罚更有效地让他改掉这个坏毛病。当孩子自己清楚地知道只要他一做错事就会有同样的不愉快发生，惩罚才会有效。

★ 惩罚必须具有时效性

第二个因素就是惩罚的时效性。在孩子做错事后，越快对他进行惩罚，越有效。比如，要阻止孩子偷偷摸摸去网吧，要在他被发现的第一时间，立即开始惩罚。同时，家长要立即表示出孩子的行为让自己失望的情绪，这比过一段时间，等到同样的行为再度发生再来惩罚教育更能给孩子留下深刻的印象。

如果家长无法忍受看到孩子难受，那就只能依靠奖励和解释这两种管教手段了。当然这是可以做到的，但却会使家长的管教变得困难。因为在某些情况下惩罚才是最简单有效的方法。

3 规矩要严格,但是要公平

情景模拟

孩子:"我不想每天晚上都洗澡……"

妈妈:"不行。这么热的天,一天下来,浑身上下有多脏!"

孩子:"你能不能给我点自由?"

妈妈:"咱们不是都约定好了吗?必须每天洗澡,你不遵守约定可是要受到相应的惩罚的哦!"

孩子:"我抗议这一条,能不能改改?"

妈妈:"不行,快去洗。"

智慧点拨

一名合格的父亲或母亲,在孩子的每一个发展阶段,都会为孩子制定规矩,并希望孩子能遵守规定。而在每一个阶段,孩子都会尝试突破规定。孩子向来都是这样的。

如果家长不让婴儿爬出规定的范围,他就会哇哇大哭;如果学步孩童到了超市但家长不给他买糖吃,他会在收款台前哼哼唧唧;学龄儿童会抱怨家长约束他们看电视;小学生会因为做家务杂事而发牢骚;青春期的孩子则会什么都跟家长争辩一番。

为人父母的职责之一,就是要保证孩子做对他最有利的事情,即使家长跟他的观点不一致。一般来说,家长比孩子更明智,也更富有经验,所以家长的眼光更长远些。家长能提前预想,而不仅仅只看眼前。

不要因为每次限制了婴儿他都大哭,就让他爬到家长不希望他爬到的地方。家长划定一个范围是有理由的,而小婴儿不可能知道原因。

不要因为学步孩童在收银员面前大发脾气就给她买棒棒糖，家长知道她多吃糖没有好处，但是她可能还不知道这一点。

不要因为学龄孩子不停缠着家长，就让他看太多电视。家长知道看电视太多了不好，约束他看电视是因为家长知道其他活动，比如体育活动或者阅读，对他更有好处。而孩子往往看不到这一点。

不要因为读四年级的孩子老绷着脸，家长就不再让他收拾碗碟刷盘子。生活中的有些事情孩子必须要去做，即使他不喜欢做，但家长要帮助他明白这一点。

不要因为青春期的孩子抱怨他比他的朋友们回家都早，家长就放宽平时（周末除外）他回家的时间。家长知道如果他睡得太晚，第二天早上在学校里会思维迟钝。在学校里精力充沛要比在外面和朋友们待到很晚重要得多，尽管孩子可能不这么想。

★ 在执行规定时妥协是不明智的

家长认为自己做得对时，就要严格，有些父母不够严格，这通常是出于两种原因：

第一，许多家长在执行规定的时候，孩子总是抵抗，而放弃规定要比对付孩子的抵抗容易得多。

第二，妥协可能是因为家长受不了孩子生他们的气。无论哪种原因，如果家长因为在执行规定的时候，让孩子占了上风，都是不明智的，原因有二：第一，妥协让孩子更多地发脾气。家长的行为会让孩子意识到，只要他坚持哭闹、发牢骚、不断哀求、生闷气，或者争辩，家长最终就会妥协。于是他哭闹、发牢骚、哀求、生闷气，而且以后发脾气会更多，每一个孩子都会这么做。第二，妥协意味着家长的规定并不重要。家长应该让孩子知道，因为某条规定很重要，家长才制定它。如果家长改变了主意，觉得某条规定不再重要了，也没有关系。但是重要的是家长要告诉孩子原因，而不是让他以为规定虽然摆在那里，但是可以不遵守。

规矩，要定得严格且公平，尤其是对于人生观、价值观正在形成过程中的青春期孩子，这一点非常重要。

★ 注重规定的公平性、合理性、灵活性

公平意味着制定的规矩要合理，要适合于青春期孩子的年龄特征，要有足够的灵活性以适应孩子的不断成长。家长给孩子制定的规矩要经过深思熟虑，要符合逻辑，要有一定的目的。

家长要时常检查自己给孩子制定的规矩，如果规定依然合理，目标正确，那就没有必要改变它。当家长的配偶或者孩子指出一个规矩已经不再适用，如果他们说得对，那也没有必要墨守成规，严格并不等同于呆板。

有时候是孩子长大了，规定不再适用。比如，家长习惯坚持让孩子每天晚上睡觉前洗澡，但是现在孩子已经长大，他可以每天早上自己洗澡，而且说不定他喜欢自己早上洗。只要他每天洗澡，不管早上洗还是晚上洗都没有什么关系。家长的新规矩应该是孩子要每天洗个澡，不管什么时间，只要他觉得合适就行。

在其他情形下，很明显，新规矩可以和旧规矩起到一样的作用。比如，家长习惯于要求孩子出去玩之前必须做完全部作业，但是现在孩子已经能更好地安排自己的时间，所以只要坚持要求他上床睡觉前完成家庭作业就可以，让他自己选择做作业的时间。

在合适的时机改变规定，会向孩子展示规定的合理基础，表明这不仅仅是某个人说了算。这一点很关键，因为孩子只有觉得规矩公平合理，才能像父母所期待的那样遵守它。

★ 对于"例外"要谨慎

给孩子制定规矩，明确家长的期望，并且坚持执行，除非有人说服家长应该改变规矩或者家长认为可以暂时例外一次。但是要记住，修改规矩或者暂时放松的决定权在家长手中，而不是在孩子手中，做这些决定的时候要有正确的理由，不要因为贪图省心就妥协而不坚持。

★ 承受住孩子的怨气

规定可能会带来孩子的怨气，这种感受对家长和孩子都可能带来不好的影响，但是如果家长确信自己执行的规定正确，就要经受住孩子的

怨气。比如告诉自己，家长强迫孩子不许玩电脑游戏，孩子暂时生家长的气，但总比他沉迷于游戏而松懈于学习要好。

★ 别让孩子有"权威独裁"的感觉

家长不能为了规定而规定，或者仅仅想为了让孩子知道谁说了算就一味维护权威。这只会让孩子觉得家长的权威是独裁，会促使他进行反抗。谁都不想被孩子看做是一位独裁的暴君吧？家长肯定希望孩子因为自己的智慧和良好的判断力而认同家长的权威。所以在告诉孩子一些规定的时候，要注意语气和方式，别让孩子有"权威独裁"的感觉。

4 让孩子品尝一下"苦果"

情景模拟

妈妈:"什么?你想染粉红色的头发?"

孩子:"是。"

妈妈:"不行!"

孩子:"为什么?"

妈妈:"你还是学生啊,染头发像什么样子,居然还想染粉红色!"

孩子:"现在是暑假,开学了我再染回来!"

妈妈:"整天折腾钱,反正钱不用你赚是吧!"

孩子:"我不管,我就要染,我决定了!"

智慧点拨

有些青春期的孩子喜欢反抗,对于自己的不良行为,他们会屡教不改,怒目圆睁的父母们用尽惩罚的手段仍无改观,这个时候不妨让孩子品尝一下"苦果"。通俗地说,就是让孩子自作自受。这种惩罚方式是18世纪法国教育家卢梭最先提出来的。他主张孩子犯了错误,不给予人为的惩罚,而是让孩子在错误所造成的直接后果中去自己体验不快或痛苦,从而迫使其改正错误。

在孩子的惩罚教育中,应多采用"自食其果"这样的自然惩罚办法,而尽量少使用人为惩罚。

那么,如何区分自然惩罚和人为惩罚呢?前者是依据等值、等同的原则,是对一种错误行为的回应,目的是让孩子在这种回应的经历中,增加这方面的不可替代的经验。后者是由父母根据孩子的错误行为,人

为决定的惩罚回应。

几乎每个有孩子的家庭,都经常发生以下"弄得一团糟"的情形。如,孩子把衣服、袜子丢得满地都是,那么,这时谁要来收拾残局呢?通常是由他人或父母。自然惩罚的原则,则是让孩子自己去收拾,并告诉他如果不这样的话,下一次,就不会给他买新衣服。显然,这是一个自然的后果,没有扩大,也没有减小。孩子自己也会有清楚的认识。如果坚持这样做下去,孩子也会改掉这个毛病。此外,还可以让孩子明白,任何快乐,都需要付出努力才能得来。

下面,再让我们来看看,美国著名教育家芭芭拉是如何平静地放手让儿子"自食其果"的。

一天,15岁的儿子约瑟夫歪着脑袋对芭芭拉说:"我想把头发一侧留成双条式的发型。"

作为母亲,芭芭拉很不喜欢儿子留这样的发型。但她知道,这并不危及生命、道德以及健康,而且头发会重新生长出来。

于是,她对儿子说:"我不喜欢这种发型,而且凭我的经验,我知道周围大多数人也不喜欢这种发型。不过,如果这是你的决定,我可以忍耐。同时,你可能需要忍受其他人对你发型的非议。"

芭芭拉带着儿子去了发廊,美发师在给约瑟夫洗头时还夸赞他的满头金发非常漂亮。然后,约瑟夫描述了他想要的发型。美发师很惊奇地问芭芭拉:"把你儿子头发的一侧剃成双条式能行吗?"芭芭拉回答:"我并不喜欢这种发型,但那是我儿子的决定。"就这样,美发师剃去了约瑟夫一侧的头发,其中保留了两条,并尽量使这种发型在第一天显得好看一些。

但是,第二天早晨,约瑟夫就试图恢复原来的正常发型。可想而知,他第一天的遭遇肯定不愉快。可是,约瑟夫再怎么努力,也已经对那种怪异的头发无能为力了。他的姐姐只好费力地给他喷上发胶和摩丝,尽力帮他能够出去见人。

那一年中,约瑟夫又换了七八种奇特的发型,不过等到第二年,他就开始留传统的发型了,并且再也没有改变过。

芭芭拉在确认儿子对传统的挑战没有对他人造成实质性的危害的情况下，顺其自然，给予儿子足够的尊重和自我价值感。但儿子最终知道了什么是好的，什么是不好的。这样就避免了儿子在她背后喊什么"老古董"，也不会使儿子总是对"父母不理解他"耿耿于怀，当然，儿子也就更不会无端产生"代沟"的郁闷了。

但是芭芭拉"惩罚"孩子的方式的确是对父母们的一个考验。对父母而言，眼看着孩子犯错，造成尴尬或不快，让他"自食其果"，实在不是一件容易做到的事情。因为没有哪个父母不爱孩子；而且父母有着人生经历，他们对于事情的前因后果一目了然。

因此，父母在用"自食其果"的办法惩罚孩子时要注意以下几点。

★ 确认孩子有承受这个结果的能力

父母既然要阻止孩子去做某一件事，那这件事对孩子来说肯定应该是不利的。孩子之所以要坚持，那是孩子不懂得这样做是对是错，就说明孩子欠缺对这件事的判断力，对这件事的认识还带有盲目性。如果家长要采取"自食其果"的惩罚办法，这就需要父母在放手之前，先判断一下孩子是否具有承受这个结果的能力。

比如，孩子经常会把文具用品铅笔、刀片或书包弄丢了，父母可以不给他买，直至孩子能够认识到文具用品的重要性后再买。这样的结果孩子是可承受的，只不过是着几天急，父母可以放任。

若是孩子试着去吸烟或者赌博，这就不能放任孩子去做了，因为这样的行为既伤害孩子的身体，又腐蚀孩子的精神。

所以说，让孩子承担行为后果，并不意味着对孩子说"你爱怎样就怎样，我不管你了"。家长需要发挥引导责任，最好是父母跟着孩子一起经历生活，时刻为孩子提供关爱、理解、鼓励和支持。

★ 孩子在品尝"苦果"时，父母态度要坚决

采用这种"自食其果"的惩罚办法的关键是，父母要有清醒的头脑和坚定不移的态度。罚要罚到点子上，不要让孩子觉得无关痛痒；既然采取了这种方法，就要坚持到底，不能半途而废，否则反而让孩子认为父母好对付，降低了父母在孩子心中的威信。更重要的是不利于孩子认

识错误。让我们来看一下如下这个成功"惩罚"的小故事：

期末考试刚刚结束的一天，小桐趁妈妈不注意，从家里的抽屉里拿了50元钱去和同学玩游戏机。晚上被妈妈发现了，追问之下，小桐不得不承认了。妈妈严肃地指出了私自拿钱和去游戏厅这两个问题的严重性，并且提出了两个惩罚办法：第一，3天内不准看电视；第二，原定的周日到公园划船的计划取消。

妈妈知道，看电视是小桐的生活中必不可少的内容，每天除了综艺节目，还有体育节目，他都非常感兴趣。而划船呢，是在小桐的要求下，考试前一个月全家就商量好的，他还特意在日历上做下了记号。实际上这两项活动，比玩游戏机对小桐来说更重要。可是自己犯了错误，不得不接受这样的惩罚。

难耐的3天过去了，周日也过去了。妈妈严格按照惩罚办法做了，爸爸、奶奶的求情也没有让妈妈改变主意。这些天小桐非常痛苦，不时地反省自己的错误。他对妈妈说："以后我再也不会做那样的傻事了！"妈妈看到孩子的诚恳态度，感到很欣慰。恢复了孩子看电视，并且提出下周全家去划船，作为对小桐能够很好地承认错误的奖励。小桐别提有多高兴了，他对妈妈充满了敬重和感激之情。

可见，父母在采取让孩子"自食其果"的惩罚办法时，奖罚一定要鲜明，要坚决。该奖时就要郑重其事甚至煞有介事地奖，让孩子真正体会到受奖的喜悦；该罚时也应态度明确、措施果断，让其真正知道自己的错误之所在。只有这样，才能培养孩子明辨是非、知错即改的品行。如果在对孩子实施惩罚之后，父母中的一方认为孩子受了委屈，随即又用钱物或食品来安慰他，这将会使惩罚失去作用。

★ 在孩子尝到"苦果"后，不要雪上加霜

需要父母们记住的是，当"后果"终于到来时，不要对孩子放手不管，也不要当"事后诸葛亮"，批评孩子，而是给孩子时间和空间来体验其后果。当孩子因此而痛苦时，要给予同情；当孩子为怎样才能改进自己的行为感到一筹莫展时，要帮助他分析现状，要温和地重复提醒他未来可以做的事情。

5 发怒三步骤

 情景模拟

妈妈:"你刚才去哪儿了?不是叫你收拾房间的吗?"

孩子:"出去找朋友了。"

妈妈:"找朋友,你就没有空收拾一下你的房间?"

孩子:"嗯?"

妈妈:"我告诉过你多少次了?把你的东西收拾好!你太不顾及别人了!你以为我们是什么人?跟在你后面捡东西的奴隶?"

孩子:"我没有那个意思……"

 智慧点拨

由于心理、生理的原因,很多青春期的孩子总与父母顶嘴或跟父母对着干,经常会引发父母的不满与怒气;有时,来自于生活的压力也会使父母们把孩子的过错放大,且"怒不可遏"。所以在教育孩子这件事情上,父母一定要学会控制自己的情绪。

儿童精神病学家、医学博士 Lyndon D. Waugh 说:"喊叫、怒吼其实是一种面对挫折的强烈回应。事实上,当父母一时没有更加有效的办法去管教和约束孩子的时候,就会不自觉地大发脾气。"

对于父母来说,愤怒是一种代价很高的情感,如果在教育孩子时,愤怒起不到很好的效果的话,还是不要随便发怒的好。怒气应该以某种方式表达出来,这种方式应该能够使父母得到一定的解脱和轻松,给孩子一些启示,对任何一方都不应该有副作用。

然而,当怒气来临时,父母的行为就像完全失去了理智一样对孩子大喊大叫、辱骂、抨击,当这一切结束时,父母们又会感到内疚,并郑重地决定,以后绝不重复这样的行为了。但是,愤怒会无可避免地再次来袭,破坏父母们良好的愿望。

所以,父母们不应该总是向孩子发怒,尤其是面对青春期的孩子,那只能让孩子的行为变本加厉,从而让父母们的怒火更盛。父母们要学会自己有意识地制怒,下面是一些简单可行的方法:

★ 深呼吸能帮助"火山"暂时不要喷发

家长在发火之前,可以告诉自己"停!停!等会儿!"或者使用人称代词"我":"我觉得被激怒了。"如果简短的陈述对拉长着的脸并没有起效果,那么家长就可以尝试深呼吸,这样几十秒钟的平静呼吸是相当重要的,喝杯水或者洗把脸,在窗口透透气。等真的冷静了,再回来找到一个合理的劝说方式。比如,像下面这位父亲一样:

约翰的妈妈努力劝阻丈夫不要对孩子吆来喝去。一天晚上,她和丈夫在海边小屋的厨房里享用着美酒,她的丈夫注意到桌子上有一个海滨游泳袋,一件湿的游泳衣,一个沙滩球。他通常的反应是怒火上升,然后冲着孩子咆哮,就像一个军事训练中的军士。但是,这一次,他看到后,先是压住了自己的火气,然后平静地描述了他看到的东西:"我看到厨房的桌上有一个海滨游泳袋,一件湿的游泳衣,一个沙滩球。"

十四岁的约翰从起居室的椅子里跳了起来,喊道:"哦,那一定是我的。"然后他走进厨房,把他的东西收了起来。

约翰离开后,父亲愉快地对妻子说:"我记住了,它真的有效!"

妻子并没有说"早告诉过你了",而是举杯祝酒,说:"为孩子干杯。"

像这位父亲就做得非常好,尤其是能够在发怒前平静情绪,让孩子自己意识到"错误",并改正错误,达到了制怒的最好效果。

★ 让孩子知道家长的愤怒

如若孩子依然我行我素的话,父母在向孩子表达时应加强愤怒的强度,比如:"我生气了。""我很生气。""我非常非常生气。""我气极了。"

有时，仅仅表达出父母的感受（不用解释原因）就能让孩子停止不端行为。

下面这个故事就说明了一个母亲在释放她的怒气时是如何鼓励孩子，而不是辱骂或羞辱自己的女儿。

婷婷十五岁，一回到家就大叫："我无法打乒乓球，我没有运动衣！"本来婷婷的妈妈可以给她一个可行的建议："穿那件宽松的上衣。"或者，如果希望提供帮助，她可以帮助找一件衬衣，但是婷婷的妈妈没有这样做，而是决定说出自己真实的想法："我很生气，我真的很生气。我给你买了六套运动衣，你不是放错了地方，就是丢了。你的运动衣应该放在你的抽屉里，这样，当你需要的时候，你就知道该到哪儿找到它们了。"至此，婷婷意识到妈妈很生气了，马上跑到体育馆的衣帽间去找放错了地方的运动衣。

婷婷的妈妈表达了她的愤怒，但是她没有向女儿发火。这位妈妈一次也没有提过去的牢骚，没有翻旧账，也没有提到她女儿的名字，也没有说女儿是没有条理的人，或者说她不负责任。这位妈妈只是描述了她的心情，以及以后该怎么做才能避免不愉快。这位妈妈的话帮助女儿找到了一个解决办法。

在对孩子的教育中，父母的愤怒也可以起到一定作用。事实上，在某些时刻，不生气并不会给孩子带来好处，反而给孩子一种漠不关心的感觉，因为那些关心孩子的人很难做到一直不生气。不过这并不说明孩子能经受得住愤怒和暴力，只是说明孩子们能够理解这样的愤怒："我的忍耐是有限度的。"

★ 让内心的愤怒发泄出来

如果，父母们在经过以上两个步骤的克制都不能使孩子有所收敛，那么父母就必须发怒了，只是要注意一下发怒的方式与最终的效果。最好是将内心的愤怒，以及生气的原因用语言表达出来，重要的是让孩子知道他们应该做出的行为。可以试着这样说：

"当我看到鞋子、袜子、衬衫、运动衫扔到满地都是时，我很生气，

生气极了。我真想打开窗户,把这一摊乱七八糟的东西扔到大街上去。"

"看到你打你的弟弟,我很生气,心里面像有团火在烧,我绝不允许你再伤害他。"

"看到你们所有的人一吃完晚饭就冲出去看电视,把那些脏兮兮的盘子,油腻腻的锅留给我时,我非常愤慨!气得我简直七窍冒烟!我真想把所有的盘子砸到电视上去!"

"我叫你吃晚饭,而你却不来,我很生气,非常生气,我对自己说:'我煮了一桌好吃的,希望获得赞赏和感激,而不是失望!'"

这个方法可以帮助父母释放怒气,而不致引起伤害,而且,它甚至可以是一堂重要的教育课,教会孩子如何安全地表达愤怒。孩子可能会明白他自己的愤怒也不是什么大的灾难,可以释放出来,而不会伤害任何人。这堂教育课不仅仅需要父母把怒火表达出来,还需要父母向孩子指出情感表达的可接受的方式,要向他们说明表达愤怒应该采取的安全、可理解的方法。

事实上,即使精神健康的父母也不是圣人,在跟孩子打交道的时候,每一位父母都有权发脾气,并且不必感到内疚或者羞愧。但父母们要注意,在发怒时一定要考虑"安全",要注意方式方法,而不要攻击孩子的人品或者人格。

6 让孩子学会自我反省

情景模拟

妈妈:"怎么了,垂头丧气的?"

孩子:"忘记带语文书了,上课被老师罚站……"

妈妈:"又忘带了?"

孩子:"嗯。"

妈妈:"你总是这么没记性,我早就跟你说过了,早点起床,检查书包,你就是不听,尝到苦头了吧!"

孩子:"看见我挨罚你高兴是吧,那你自己乐吧,我回房了!"

妈妈:"这孩子……"

智慧点拨

惩罚是帮助孩子反省的一种手段。自我反省的能力是人们认识自我、完善自我、不断进步的前提条件。对成人而言,具备自我反省的能力,就能正确认识自己的优缺点,并自尊、自律、有计划地规划人生。遇到困难和挫折时,能够及时调整自己的情绪,积极进取,度过一次次难关,一步步走向成功。在青春期,孩子尚未形成完备的自我意识,自我反省的内在人格智力还处于发展阶段,因此需要家长正确引导,培养孩子的自我反省能力。

那么,如何培养青春期孩子的自我反省能力,家长不妨借鉴以下几点:

★ 不直接对孩子的错误进行指责

当孩子做错事时,家长不要一味给予斥责,这样易引起孩子的反感,

对家长产生抵触情绪，使孩子的自我发展受到限制。这时，家长可采用冷静的态度，从侧面引导孩子进行自我反省，明辨自己的过失。比如，孩子残忍地将金鱼从水里捞出来，看着它死去，这时家长如果正面指责孩子："你怎么这么残忍！鱼会干死的，赶快把它们放回水里去。"就不如对孩子说："如果你口渴时不给你水喝，你会怎样呢？"这种侧面引导往往比正面指责要更能让孩子自我反省，认识错误，从而改正错误。

★ 重视羞愧、内疚等负面道德情感的良好效应

给孩子灌输正直、善良、勇敢等正面道德情感，可塑造其美好的心灵，而让孩子体验羞愧、内疚等负面道德情感也会使其受益匪浅，而且羞愧、内疚等负面道德情感与正面情感相比，更能在孩子的心中留下深刻的记忆，促使他不断自我反省，区分好坏、是非、对错和美丑，然后改正错误。

因此，当孩子犯错时，家长可以适当施以惩罚，让孩子自我反省，让他们懂得羞愧和内疚。如孩子做错事，家长可直接平静指出错误所在，扣除孩子一定的零用钱，促使孩子自我反省，激发起他的羞愧感和内疚感，使他以后不再犯此类错误。

★ 让孩子学会总结经验教训

总结经验教训事实上就是对自我行为的一种反省。例如，一个中学生用打架来解决与同学之间的矛盾，如果他在打架上吃了亏，他会想："上次我感到生气的时候是用打架来表达我的愤怒的，结果我被别人打了，那么下次发生这样的情况时，我该怎么办呢？我不用打架可以吗？是不是有更好的解决方法呢？"

当孩子直接感受到行动与结果之间有某种关系后，他们往往会先想一想再采取行动。孩子们可能会对自己的行为有一个预先的评价，看是否会出现他们预期的结果，如果结果正如他想的，那么他会继续这么做。如果结果与他想的不一样，孩子就会总结经验教训，调整自己的想法，这也是一个人做事的一种反应机制。

这种时候，父母最好不要把自己的价值观强加给孩子，而是要善于引导孩子进行总结。例如，父母不要这样说："我早就跟你说过了，你就

是不听，现在尝到苦头了吧?""不听老人言，吃亏在眼前，说的就是你这种人呀!"这种论调只会加强孩子的逆反心理。父母应该对孩子说："怎么会出现这种结果呢，你好好想一想，如果用妈妈跟你说的方法去做，结果会怎样呢?""有时候，你需要听听他人的意见，这样就会避免一些问题。"这种语气，孩子一般会比较愿意接受。

如果孩子学会了经常总结经验和教训，他也就已经学会自觉地进行反省，这对他的人生会有很大的帮助。

监督比惩罚更重要

 情景模拟

妈妈:"你去哪儿?"

孩子:"去外面。"

妈妈:"和谁一起去?"

孩子:"大伙儿都在。"

妈妈:"你们准备做什么?"

孩子:"不做什么。"

妈妈:"你……"

孩子:"哎呀,妈,你烦不烦啊……"

 智慧点拨

青春期的孩子总会犯各种各样的错,让家长操心不已,相对于犯错之后的惩罚来说,犯错之前的监督更为重要。

一旦孩子开始在家庭外消磨时间,家长就要开始监督他的行为,这一点特别关键。家长应该关注孩子的活动、同伴和行踪。不管在什么时候,白天或晚上,家长都应该能够回答下列三个问题:

我的孩子现在在什么地方?

我的孩子和谁待在一起?

我的孩子现在在干什么?

如果家长不能回答这三个问题,这并不是说孩子必然会发展得不好,但是家长的监督比较薄弱,会增加孩子产生问题行为的可能性,比如酗酒、吸毒,或者过早的性行为。

父母在事前事后都应该做好监督工作，应该在孩子出门前就知道他的计划，也应该知道他出门后实际去做了什么。家长也应该了解，如果计划有变，或者发生了意料之外的事情，自己和孩子该怎么来应对。孩子如果改变了行程，一定要跟父母通报一下。例如，如果孩子计划放学后去朋友家，但是实际上待在学校和老师谈话了，他应该从学校给家长打个电话，告诉家长他在哪里。

该如何监督孩子没有一定的规则，在很大程度上这取决于家长有一个什么样的孩子。

★ 不用问，主动说的孩子

有的父母很幸运，不用问，孩子就一五一十地把事情全说了。这些孩子能让父母提前知道，他要去哪儿、和谁在一起、要做什么事情、什么时候回家，他把自己的活动主动、详细地跟父母汇报。如果孩子就是这样，家长监督起来就比较容易。孩子这么做让家长省了不少事，家长应该表扬他，告诉他他这样做非常懂事，也很负责。

★ 问了就说的孩子

另外有些孩子很乐意告诉父母他们在哪里干什么了，但是需要在问到他或者提醒他时才能想起来说。如果父母记得问，孩子也会配合。当然，有时候家长并不总是记得问。

如果家长的孩子是上述类型，家长要养成习惯，在每次孩子出门前都问孩子"去哪里"、"和谁"、"干什么"等问题。不仅孩子出门前那一刻家长才这么问，而是只要孩子离开家长的管辖范围家长都该问。例如，如果孩子放学后的一段时间家长管理不到，家长就应该在早晨就问他，下午放学后他打算干什么。如果家长养成习惯，孩子很可能主动就告诉家长他的打算，最起码有时候会主动说。但如果他没有主动说，家长就需要问。

如果孩子在被问到的时候很乐意说，但是不问的话就不说他的计划和活动，那么要用关心的口气问，而不要用怀疑的口气问，不要像法庭询问证人似的那么问他。毕竟家长不是因为不信任他才问他的行踪和同伴的，家长是出于关心才问的。家长必须保证孩子的安全，并保证他们

得到应有的照顾。如果家长关心地问,大多数孩子会理解,这很令人惊讶。只有当他们觉得父母不信任他们的时候,他们才会开始隐瞒。

★ 问了却不愿意说的孩子

最难以监督的是那些即使父母问了,也不愿意说的孩子。他们回答问题的时候含糊其辞,问他"去哪里",回答"去外面";问"和谁在一起",回答"大伙都在";问"要干什么",回答"不干什么"。这种情况从青春期早期就开始比较常见了。

很难解释为什么有些孩子不肯说自己的行踪、活动或者同伴情况。当然,这并不是说,不肯透漏信息的孩子就会变坏,因为有些孩子的沉默寡言是要求独立的自然反应,在青春期有这样的现象是正常的。这时候,家长就要向老师和孩子的朋友了解情况,学会寻找其他的线索(在学校的成绩下降、吸毒或者酗酒的症状、萎靡不振、和不良孩子到处游荡)来推断孩子什么都不肯说是不是隐瞒了什么令人担忧的事。但是如果家长有足够的理由怀疑孩子做了危险的事情还瞒着家长,那么一定要立刻问孩子,直到家长得到满意的答案为止。

八、"敏感问题"的沟通方式

有人说青春期是"多事期"：早恋，网瘾，厌学，性困惑……面对青春期的这些敏感问题，有的父母束手无策，有的父母伤心失落。青春期是人生的必经期，谁也不能逾越它，谁也不能逃避它。面对孩子身上出现的各种各样的棘手问题，家长要和孩子进行和谐的亲子沟通，给出切实的指导和建议。

1 如何帮助网络成瘾的孩子

 情景模拟

孩子:"你凭什么把我的电脑没收!"

妈妈:"为了你好。你看看你整天趴在网上,不认真学习!"

孩子:"我已经长大了,我有自己做主的权利,我有人权!"

妈妈:"你是我生的,我就可以管你。为了以防万一,中考之前,别想碰电脑!"

孩子:"你怎么这么霸道,做你的孩子真倒霉!"

 智慧点拨

什么是网络成瘾?1994年,美国精神病医生伊万·戈德堡声称发现了一种新的心理疾病,并将它命名为网络成瘾症。

网络成瘾又称病态网络使用,是一种冲动性地过度使用网络,并因此导致明显的社会、心理功能损害的现象,指的是因重复对网络使用所导致的一种慢性的、周期性的、无法自拔、无力控制的着迷状态。患者常常表现为自我封闭、情感淡漠、人际交往能力显著下降、严重依赖虚拟世界、厌恶现实世界,并不同程度的存在抑郁、强迫、偏执等不良心理状态。真正的网瘾患者会丧失学习、工作的社会功能的,他们需要长期的药物和心理治疗。

网络成瘾虽然表现为长时间的上网行为,但上网时间的长短不能作为网络成瘾的一个判断标准。有很多人长时间泡在网上是因为学习、工作需要,而不是由于对某种网上活动不可控制的内在冲动。

★ 网络成瘾的原因

网络成瘾，是青春期的孩子中非常普遍的现象。一般来说，网络成瘾的原因有以下几个：

第一，客观原因：生活中缺乏情感交流。专家同时指出，青春期的孩子可能身处不利的环境是导致易上网成瘾的客观原因。目前网吧遍布大街小巷，尽管有关部门出台了一系列禁止未成年人进入网吧的条例，但在实践中对网吧尚缺乏有效的管理措施，网吧一定程度上成为他们的乐土。家庭环境上，当前我国孩子多属独生子女，且城镇居民以楼房式独门独户的家居结构为主，这在某种程度上不利于身为独生子女的孩子与同龄伙伴交流。在工作生活压力较大的今天，父母极有可能因忙于工作和生计而忽略了与子女的情感沟通。那么在现实生活中缺少情感交流的孩子，便会在网络中寻找可归依的群体，迷恋于网上的互动生活。在教育环境上，在电子信息时代的大环境下，电脑和网络成为青少年不可或缺的学习工具，但缺乏有效引导的孩子更多的是把电脑和网络当成一种娱乐工具。另外，孩子的学习压力较大，也可能造成孩子沉迷网络。一位不愿透露姓名的学生坦诚："学习上经常遭受挫折，又得不到家人、老师和同学的理解。为宣泄心中的苦闷，逃避不愿面对的现实，往往在网上寻求安慰、刺激和快乐。"

第二，主观原因：面对虚拟世界缺乏自控力。专家指出，孩子身心发育尚不成熟是导致易上网成瘾的主观原因。他们自控能力欠缺，一旦上网往往可能被网上光怪陆离且层出不穷的新游戏、新技术和新信息"网住"。他们的认知能力有限，面对网上新奇、刺激的信息极易受其诱惑。"这个年龄段的孩子自我意识强烈。在网络上人人平等，在匿名的保护下可以畅所欲言，不用担心受到什么审查，带来什么惩罚，而且观点越新、奇、特，可能得到的反响越大、回应越多。"网络因此而成为孩子心目中展现自我的最好平台。

★ 易染上网瘾的孩子类型

找到了网瘾的原因，那么，哪类孩子最容易染上网瘾呢？

第一种：学习成绩欠佳的孩子。由于家长、老师对孩子的期望过于

单一,学习成绩的好坏成为孩子成就感的唯一来源,因此一旦学习成绩欠佳,孩子们就会产生很强的挫败感。但是在网上,他们很容易体验成功:闯过任何一关,都可以得到"回报",这种成就感是他们在现实生活中很难体验到的。

第二种:学习好但未形成正确学习观的孩子。不少本来学习好的孩子在升入更好的学校后,无法再保持原有的名次和位置,这时,他们对"努力学习"的目的产生了怀疑。按照老师和父母的逻辑,学习是为了"上大学——找到好工作——挣钱",当他们失去了为"名次"、"位置"等学习的内在动力后,无法认同老师和父母的逻辑,因为,即使不用学习也可以从父母那里得到钱。于是,一些人开始迷恋网络。其实,造成这些孩子依赖网络的根本原因是没有形成正确的学习观。

第三种:人际关系不好的孩子。许多孩子虽然成绩不错,可是性格内向、猜忌心强,而且小心眼,碰到问题时没能得到及时解决就沉迷于网络,学习和生活受到严重影响。

第四种:家庭关系不和谐的孩子。随着离婚率、犯罪率升高等社会问题的增多,社会上的"问题家庭"也在增多,这些孩子通常在家里得不到温暖。但是在网络上,他们提出的任何一点儿小小的请求都会得到不少人的帮助。现实生活和虚拟社会在人文关怀方面的反差,很容易让"问题家庭"的孩子"躲"进网络。

第五种:自制力弱的孩子。不少上网成瘾者都有这个问题,他自己也知道这样不好,也不想这样下去,但是一接触电脑就情不自禁。这是典型的自我控制力不强。生活中要面对很多选择,选择什么是对,什么是错,选择什么该做,什么不该做。如果将人生的元素尽量简单化,那么对人生最重要的事情选择的正确率就越高,成功率也就越大。

★ 帮助孩子戒除网瘾的方法

家长该如何帮孩子戒除网瘾呢?

第一,打破打骂埋怨等传统做法。家长在孩子的"脱瘾"过程中扮演很重要的角色,必须打破原来一味地打骂埋怨或者放纵溺爱的传统做法。家长应该定期与孩子交流,创造有利于孩子的成长环境,满足孩子正常的人际交往、游戏等方面的需求。家长们要更新观念，提高对网络时代的认识，不能因网吧出了几起事故就谈网色变，不让孩子上网。

第二，家长要学会上网。家长不懂网络，就不能正确引导孩子上网、督促孩子健康上网。因此，家长应该注意发现孩子上网中碰到的问题，在上网过程中及时与其交流，一起制定有效的措施。同时家长还可以在电脑上设置防火墙，防止孩子受到不良文化和信息的影响。家长要善用网络，当好孩子的引路人，家长要引导孩子选择有利于他们成长的网站。

第三，适时监督。家长要适时监督，把握孩子在家上网或去网吧的质、量、度，孩子自制力差，综合判断能力较弱，父母要适时提醒，适当督促孩子，并郑重告诉孩子不要光顾色情网站。

第四，掌握一定的心理学治疗知识。很多家长面对子女网络成瘾，往往是苦口婆心地劝说、哭诉，最终又束手无策。正确的做法应该是正确面对，并用适当的方法去改变孩子，转移孩子的兴趣，帮助他们走出网络成瘾这个迷阵。

妈妈这样说，青春期的孩子才愿意听

2 正视孩子逃学的行为

 情景模拟

妈妈："你今天没上课去哪儿了？"

孩子："要你管！"

妈妈："我不管你谁管你！"

孩子："你要是管我，会把我从小扔给奶奶？这么大了才来管，晚了！"

 智慧点拨

每个青春期的孩子都会在某个时候对上学多少有些抗拒，在发现孩子有逃学行为之后，家长该如何来做呢？

★ **找到孩子逃学的原因**

有些青春期的孩子不愿上学，早晨佯装出门上学，其实偷偷在逃学，除了强迫、监视着孩子以外，大人们似乎也无计可施。不妨试试找出孩子不愿上学或逃学的原因。可能是学校方面的问题，也可能是家庭方面的问题。

第一，学校的原因。青春期的孩子可能由于学习压力较大，心理承受不了，再加上学校可能规矩比较多，没有自由，于是便在心里产生了逆反、逃避的情绪；与同学相处不来，不能合群，在学校的生活不快乐，也是逃学的原因。例如，老师的态度不公平、教导方式令孩子不适应、心灵受到伤害；功课跟不上、成绩不如人，或对学习没有兴趣；得不到适当辅导，成绩愈来愈差，又不能准时交作业，只有以逃学来逃避。

第二，家长的原因。父母关系不和谐，令孩子情绪紧张、不安，对大人产生怨恨，因为没有得到应有的温暖和照顾，转而向外求助；一遇到外面的诱惑，如同伴引诱外出，就禁不住跑出去；父母的要求过高，令孩子产生很大压力，一旦达不到父母的要求，孩子便对学习产生排斥，以致追赶不上，就干脆放弃；父母过于忙碌，无暇兼顾孩子，在缺乏应有的关怀与督促下，孩子极易外出游荡，与朋友连群结党，从外面寻求安慰，功课就渐渐荒废了；或因为结交的朋友不良，贪玩不交作业不上学，在他们怂恿下，就跟着不上学。

★ 避免孩子逃学的措施

为避免孩子逃学，最少要做到以下几点：

第一，多关怀孩子，不要以忙为借口而漠视孩子，要关心他们、照顾他们的生活与学习。为孩子提供一个温暖、快乐的家庭，不要让他们产生想逃避家庭的想法。

第二，留意孩子结交的朋友，如果发现孩子结交了不良少年，要指导孩子形成正确的善恶观念。另外，家长还要指导孩子如何与朋友相处，例如如何拒绝跟有坏习惯的孩子约会等。

第三，多与学校老师联系，了解学校的情况，以及老师与孩子的关系；同时也让老师多了解孩子，若有问题，父母可以及时知道、及时加以协助，担任化解矛盾、协调关系的角色。

第四，关心孩子的学习情况，了解他们的兴趣与能力，因材施教。但不要施加太大压力，宜用辅导方式来帮助孩子发展自己的才能。

第五，找时间与孩子专门做次沟通，态度要诚恳，千万不要让孩子觉得自己是在"被教育"，要站在孩子的角度，耐心倾听孩子的心声，走进孩子的心灵，真正帮助孩子摆脱逃学的念头。

3 正确对待孩子的早恋问题

 情景模拟

妈妈:"我看见有个男孩送你回来,怎么回事?"

孩子:"你什么时候看见的?"

妈妈:"昨天傍晚,本来想去接你的。"

孩子:"哦,不是你看到的那样,我们只是普通朋友!"

妈妈:"普通朋友?不可能,哪有普通朋友会送你回家的!"

孩子:"真的没有别的事!"

妈妈:"你要是不说,我就要去学校找老师了解情况了!"

孩子:"你怎么这么不可理喻!"

 智慧点拨

早恋是指在生理或心理上还未完全成熟的青少年之间发生的恋爱现象。进入青春期后,出现异性爱慕倾向的青少年,会主动接近自己喜欢的异性,双方交往频繁,相互倾心,导致早恋的发生。

早恋从人性的角度分析是无可厚非的,但青春期孩子的早恋至少在以下方面令人担忧:一是影响学业,二是形成心理阴影,三是过早进行性尝试出现恶果。

★ 易早恋的孩子类型

近年来的全国性调查显示,青春期孩子的早恋情况已占有相当大的比率。早恋的学生一部分是学习成绩优秀的班干部,因工作需要有更多的机会接触异性,有威信、有号召力容易引起异性的注意和追求;另一部分是学习成绩较差及家庭不健全的学生,学习不好心理压力大,容易移情于两性交往，家庭不健全的同学缺乏父爱和母爱，感情饥渴，易寻求来自同龄人的关怀。

★ 早恋的特点

早恋的特点有：一是朦胧性，对两性间的爱慕似懂非懂，不知如何去爱。二是单纯性，只觉得和对方在一起愉快，对方有吸引力，缺乏成年人谈恋爱对对方家庭、政治、经济等多方面的深入而理智的考虑。三是差异性，表现为女生早恋的较早、较多，可能与女生发育较早有关。四是不稳定性，早恋成功者实在少见，两个人随着各方面的不断成熟，由于理想、志趣、性格等方面的变化可以引起感情的变化；恋爱越早，离结婚之日越长，当初的激情就消耗得越多，容易产生倦怠，缺乏稳定性。五是冲动性，缺乏理智，往往遇事突发奇想，莽撞行事，一时冲动不计后果。有的心血来潮过早发生性行为，饱尝苦果；有的聚散匆匆，聚时无真情，散时不动容，轻率交往，滑向道德败坏的泥潭之中。

如何正确和青春期孩子沟通，处理好孩子早恋问题呢？

★ 正视孩子的早恋心理

心理咨询专家认为，孩子在青春期对异性产生好感是十分正常的。在孩子心目中，对异性确实有一种渴望，甚至冲动，想了解异性，然而孩子对异性的好感却未必是早恋的表现，有很大一部分都只是一种美好的愿望。

另外，父母有必要认识到，社会上的孩子早恋具有不确定性和不稳定性，在通常情况下，孩子的早恋多以电视、电影或者以一些言情小说为参照依据，再加上自己的心里遐想而"恋爱"，而且普遍缺乏一种责任感。他们不完全懂得恋爱的真谛，也不懂得怎样去控制自己的"情感"，以致会对自己的学业或原先的理想目标造成负面的影响。

要顺利度过这一"危机"阶段，并不困难。父母要学习掌握有关的知识，及早做好"危机"到来的心理准备。学会自我控制，掌握"理解"与"沟通"这两条心理救助的要领，努力创造和谐的家庭气氛。能否做到这些，取决于父亲、母亲、子女各方面的责任感和自我修养水平。实际上，这一阶段，正是对夫妻之间、父母与子女之间平素的亲密关系与沟通程度的考验。

★ 正确对待孩子的异性交往

有一位高一女孩,她因喜欢和男孩玩,被好多同学称为"坏女孩",还有的同学说她"勾引"男生。她不明白,为什么不能和男孩交往。她说:"我性格比较外向,向来大大咧咧的。我觉得男孩子的心眼少,办事爽快果断,他们的许多优点令我钦佩,跟他们在一块儿,我感到很愉快。我们的交往仅限于在学习上互相探讨,课外一块儿打球,有时大家去看看电影什么的。我们从没有往恋爱上想过,我不知道老师为什么要玷污我们之间纯洁的友谊?学校里相处的不是男生就是女生,跟谁玩不是一样的吗?我到底犯了什么错?"

其实,男女孩子间的交往和接触,都是十分正常的。然而,由于长期以来"男女授受不亲"的传统观念,使许多人对青春期孩子的异性交往过分敏感和警惕,尤其是家长,这种感觉就更强烈了因此两代人之间更容易发生冲突,甚至发生悲剧。须知,同异性的接触和交往,不但是青春期孩子的愿望,也是他们社会化过程中必修的一课。通过彼此的交往,他们可以了解异性,学习对方的优点。例如,男孩子可以学习女孩子的细腻、温柔、爱整洁,女孩子可以学习男孩子的勇敢、坚毅、果断等优点。

★ 对孩子的异性交往,不可动不动就扣上早恋的帽子

恋爱是为婚姻作准备的,带有很明确的结合目的。而少男少女之间大多是玩伴的关系,最多双方有好感或是相互喜欢而已。如果男女生之间接触过于频繁,家长和老师可以提醒他们,不要因为这种接触影响学习。如果孩子只单独和某个异性接触,也可以提醒他们不要错过和众多异性接触的机会,因为群体的交往不但有很多乐趣,还可以学习多个异性身上的优点。如果一味指责孩子,阻止孩子同异性交往,很可能使他们产生逆反心理,本来不是那么回事,也故意做出那样的事来,结果事态的发展与父母的初衷刚好相反,这样的教训并不罕见。

★ 尊重、关爱孩子，做孩子的朋友

许多家庭里缺乏民主气氛，家长常对孩子指手画脚。然而，如今的孩子尽管思想不成熟，却有很强的独立意识，他们的意见没有得到应有的尊重，就很容易和父母产生对立情绪，产生所谓"代沟"，孩子们心里的话也不愿意对父母说。所以，父母觉得孩子进入青春期以后，同自己的距离突然拉大了，很难同他们交流和沟通。然而，这一时期的孩子，又是让人操心的时期。由于同孩子交流的渠道不畅，有的家长就要靠偷看孩子的日记、信件或偷听孩子的电话来窥探孩子的内心及行为动态，从而使孩子更增反感，进一步加深孩子和家长的矛盾。

家长想要了解孩子，必须以尊重孩子为前提，没有得到尊重的孩子，很难学会尊重别人。在交友问题上，家长要耐心倾听他们的想法，然后帮助他们分析，建议怎样处理更好，以平等的态度和他们讨论问题。尊重会使子女和父母感情上比较融洽，良好的家庭气氛也有利于子女向父母敞开心扉，这对于家长及时发现问题是非常必要的。然而，现实是父母不能得到孩子的充分信任，有的孩子同异性同学交往过密，甚至有了非正常的关系，父母却是最后知道消息的。由此看来，家长同孩子的关系非常关键。

某家长有个读高一的男孩，一次回家，男孩向父母宣布，他有了女朋友。他的父母说："好哇！你的朋友就是我们的朋友，我们非常愿意结识她，欢迎她来咱家做客。"男孩子果然带女朋友来家了。父母对男孩说："我们非常希望你结交更多的男女朋友，这能培养你的交往能力，也说明你的人缘不错。"为了给他创造交往机会，他们鼓励儿子和同伴一起参加一些有益的活动。孩子生日的时候，让孩子邀请一伙朋友来家，大家高高兴兴度过了一个愉快的周末。在休息日，他们尽量抽时间和儿子一块儿玩，那个男孩在浓浓的亲情和友谊之中，逐渐淡化了对那位女孩子的感情。然后，父母又以自己的经历和切身体会，向男孩说明在同女孩的交往中，怎样保持适度，怎样尊重对方，怎样才是负责任的行为。由于得到父母的指教，这个男孩的成长非常顺利。

总之,两性交往几乎贯穿于人的一生。从青春期两性的友谊开始,到成人期的恋爱择偶,到成熟期结为夫妻,到白头偕老走向人生的终点,异性交往是人生重要的生活内容。心理学家伊丽莎白·艾利斯说:"父母只需要协助子女仔细检讨整个事件。青少年往往能自行想到叫人拍案叫绝的解决方法。"对少男少女的交往,如何理解而不封杀,支持而不放纵,父母应做孩子的顾问、盟友,而不要做经理人。顾问的职责只需细心聆听,协助选择,而不插手干预。

4 别让孩子跨过爱的禁区

 情景模拟

妈妈："你肚子里的孩子是谁的？"

孩子哭泣。

妈妈："到了这个时候，你还不对我说实话！"

孩子更大声地哭泣。

妈妈："我怎么养了你这么一个不要脸的女儿，作孽啊……"

孩子夺门而出。

 智慧点拨

青少年婚前性行为具有盲目性，而且由于受到传统道德的约束，还具有一定的隐藏性——害怕家长、老师、同学知道，千方百计地掩饰，有了问题也不敢去医院。长期的担忧、恐惧严重地影响了他们的精神状态，生理和心理的双重压力导致焦虑症。青春灿烂的笑容没有了，光洁美丽的面容憔悴了，一旦失去了赖以支撑的爱情，本已很脆弱的心理便崩溃了。

针对性萌芽状态的青春期少男少女，家长应该怎么做呢？

★ **首先让自己的孩子树立良好的恋爱观和性道德观**

家长首先要做的，是让自己的孩子首先树立良好的恋爱观和性道德观，充分认识到婚前性行为的潜在危险，不要轻易以身相许。

★ **告诉孩子一些生理知识**

目前很多青春期的少女，对于生殖健康知识的了解缺乏，人流率高升、妇科炎症的增多等问题日益严峻；她们渴望了解正确科学的性与生

殖健康知识，但大多信息都来源于非正规渠道，存在明显的误导。其中从老师那得到的只占8.5%，而通过网络、同伴、男友处得到的则近90%。

过早发生性行为，是近年来女性宫颈癌的发病人群出现年轻化趋势的罪魁祸首，也是性传播疾病（艾滋病等）发病率居高不下的原因之一；而且会影响孩子的学业、使其失去自信、产生愧疚和对性生活恐惧，甚至影响有些人以后的婚姻生活，或造成不孕症，最终导致婚姻解体。

所以，家长要帮助女孩子全面了解女性生殖系统的结构和功能，告诉孩子怎样会导致怀孕，并了解一些常见的妇科疾病，如盆腔炎、附件炎、阴道炎等的发生规律，定期清洗外阴预防感染，遇到问题及时到医院检查治疗。

★ 让孩子拥有避孕意识

无论男孩还是女孩，都要有一定的避孕知识，尤其是女孩。最好采用安全套避孕，一则可以达到避孕的目的，二则可以减少感染的机会，尽量不要做人流手术，因为多次刮宫可能引起子宫内膜受损而导致不孕。

★ 孩子意外怀孕后家长须做的几件事

第一，和孩子冷静、理性的沟通。如果孩子怀孕了，家长首先要做的是冷静，然后找个时间和孩子好好沟通，问清楚事情的来龙去脉。一般来说，怀孕的孩子都知道自己犯了"弥天大错"，她们选择告诉父母，代表了她们真的"走投无路"了。家长一定不要打骂孩子，增加孩子的心理压力，一定要让孩子明白：发生了再大的事情，爸爸妈妈还是爱她的，但是她必须从这件事情上吸取教训，并且走好以后的路。

第二，及时带孩子就医。家长要及时带孩子去医院做全面的妇科检查，然后遵医嘱动手术或服药。家长千万不可"为了面子"带孩子去一些黑诊所，一定要去正规的大医院，这关系到孩子一生的幸福。

5 引导孩子正确对待性成熟

 情景模拟

妈妈:"你最近怎么了,总是恍恍惚惚的?"

孩子:"我……没事……"

妈妈:"有什么你就说啊!"

孩子:"没什么,真的。"

妈妈:"你这孩子真奇怪,以前多开朗啊,逢人就嘻嘻哈哈,现在看见有人来,尤其是女孩子,直接就躲屋里去,也不知道你怎么了。"

孩子:"别问了,我没事,好得很。"

妈妈:"随便你,懒得管你。"

 智慧点拨

在青春期随着性激素的分泌量增加,青少年的第一性征、第二性征相继发育成熟,身心也随之发生巨大变化。在性激素和内部心理机制作用下,会产生一种莫名的迷惑和焦躁的心境。他们不知道自己身体里发生了什么变化,不知道这股来自身体内部的神奇力量究竟意味着什么,不知道为什么会对异性产生一种崭新的异样的感觉,为什么有时会出现烦躁不安、懒散、头晕、耳鸣、爱出神遐想、情绪起伏明显、注意力不集中、学习吃力、成绩下降等现象。

还有些青少年由于不了解青春期性心理发展的基本规律,对于自己在闲暇时和入睡前的性幻想及睡眠中的性梦不能接受,反复谴责自己,深为自己的行为感到羞愧、悔恨,又担心别人发现自己的秘密,终日惴惴不安。有人甚至回避各种社交场合,拒绝与人交往,结果造成精神极

度紧张,见人脸就红,面目表情不自然,患了"赤面恐怖症"。

对于孩子出现这种状况,家长不必过于担心,产生这种现象的原因主要是孩子性观念和性意识上的冲突,平日里有机会的话家长要多和孩子聊天、沟通,帮助孩子从认识上正确对待性成熟。

★ 帮助孩子改掉手淫的恶习

在青春期由于性激素的作用,每个生理发育正常的人都有性生理、性心理的欲望,甚至伴有性冲动。因此,青少年的自慰行为(尤其是男孩子)比较普遍,长期以来手淫在我国一直被认为是有害的。手淫不道德、手淫危害身体健康的潜意识使得青少年背上了沉重的思想负担,致使他们在每次手淫前后,总是产生强烈的心理冲突,并且伴随高度的紧张、忧郁、恐惧、焦虑、悔恨、自责等,这种心理矛盾可能导致神经系统和内分泌功能的失调,从而产生各种疾病。有些青少年还由此对自己的人格价值、意志品行产生怀疑,自尊感降低,产生强烈的自我否定倾向,陷入"手淫恐怖"中不能自拔。不少有手淫行为的青少年内心极度痛苦,曾产生自杀意念,有的甚至真的为此自杀。可见,对于手淫的错误认识是危害青少年身心健康的真正原因。

家长如何帮助孩子改掉手淫的坏习惯呢?

第一,厌恶疗法。心理治疗法中有一种叫"厌恶疗法"。当人们把令人讨厌的事物和令人愉快但不合需要的事物联系起来时,厌恶之情就会抵消掉愉快的心情。如果孩子把令人厌恶的事物和失去自控力手淫的事情联系起来,就有助于他终止手淫。家长可以把这个方法介绍给孩子。比如说,一旦想手淫,可以想象一下手淫后不得不在长满蠕虫、蝎子、蜘蛛、蜈蚣的浴缸中洗澡,还会被它们吞噬。

第二,培养孩子广泛的兴趣爱好,增强理智感。孩子在青春期精力充沛,情感丰富,充满了青春活力,家长可以培养孩子广泛的兴趣,让孩子把旺盛的精力转移到学习知识、培养兴趣、增长技能上,避免各种不健康因素的干扰和刺激,避免沉湎于手淫。

第三,改变一些生活习惯。帮助孩子改掉手淫的坏习惯,可以从一些小的生活细节做起,如避免在休息前喝大量的液体;食物中少放香料和调味品，晚餐尽可能简单；睡衣要选难脱的，但是要宽松，不要粘身；让孩子早上醒来后就立即起床，不论什么时间都不能赖床，起床并做点事，用充满热情的行为来开始每一天；避免接触易刺激性冲动的环境，如图片或阅读材料等。

★ 让孩子多了解一些性知识

随着生理上的日趋成熟，青少年对性的好奇与探究之心也日益增强，他们渴望得到有关性的知识，男女生理功能及性别角色的差异，知道人是如何繁衍下来的。针对孩子的心理，家长要专门找时间和孩子沟通，给孩子讲解一些生理卫生知识，千万不要因为不好意思而不去做，因为当孩子那种强烈的探求欲望不能通过正常的途径得到满足时，如老师的讲授、家长的教导以及社会大众传媒等，青少年就会用自发的方式从书刊、影视中寻求性知识，满足那种好奇、探究的心理。但是，通过这种途径得到的性知识往往不科学、不系统，甚至也不正确，以致给青少年带来不良影响和严重后果，有的甚至导致各种强迫症状和恐怖症状。如看见异性就控制不住自己的视线，反复盯着看，看到化妆的女性就控制不住自己产生性冲动；不敢与异性对视的"视线恐怖症"、"异性交往恐怖症"等。

那么，家长应该给孩子讲些什么，怎样来讲呢？

第一，传递性知识可以用书本来代替亲自讲解。首先，要买一本适合青少年阅读的生理卫生（性知识）书籍，平时在家可以随意翻看一下，最好顺手"忘记"丢在沙发上。这时，有些孩子会有意无意发现这本书，也会翻看两下，但我相信更多的孩子会继续看下去。

第二，可以借助网络或是电视节目跟孩子探讨性知识。现在的孩子都很早熟，对信息很敏感，所以不能阻止他们接触世界；若是看到某些"少儿不宜"的场景也不要避讳，它其实给家长提供了一次切入性话题的机会，家长这时最好用轻松诙谐的言语来跟孩子探讨性问题。

★ 帮助孩子破除传统观念，学会大方、潇洒地与异性交往

家长可以制造机会，让孩子和异性大方、潇洒地交往。因为在青春期，异性间正常、健康的交往有助于孩子正确对待性成熟，缓解性压抑，

破除对异性的无知和神秘感,形成健康的性心理。

总之,正值青春期的青少年,身心飞速发展,性意识日益觉醒,极易产生各种性困惑和心理困扰,使身心健康受到影响。因此,家长开展青春期性教育势在必行,刻不容缓,要让孩子了解自身成长的规律,学会自我心理调试,摆脱性困扰,走出性误区。

6 让孩子远离赌博场所

情景模拟

妈妈:"给你的零花钱怎么这么快就没了?"

孩子:"我……"

妈妈:"用哪儿了?"

孩子无语。

妈妈:"是不是又去游戏机房赌输了?"

孩子:"嗯。"

妈妈:"你怎么学好那么难,学坏那么容易!妈妈跟你说了多少遍了,赌有多不好,怎么就是不听!"

孩子:"我也想听,可我控制不住我自己……"

智慧点拨

赌博已成为犯罪率上升的重要因素。赌博本身就是违法犯罪,同时它又是其他违法犯罪的诱因。令人痛心的是,当今有很多青少年已成为小小赌徒,乐"赌"不疲!这不能不引起家长的警惕!

★ 赌博的危害

正在求知阶段的青少年参与赌博,会分散他们的精力,影响他们的学习。赌博很容易上瘾,青少年在赌博的时候,大好的青春时光不知不觉地流逝了,该完成的学习任务必然会受到影响,大打折扣。长时间参与赌博,还会扰乱休息时间,导致睡眠质量不高,饮食起居的正常规律被破坏。时间久了,会影响身体健康,并出现食欲不振、消化不良、恶心、呕吐等反应,甚至诱发严重的失眠、精神衰弱、记忆力下降等症状。

赌博活动的结果与金钱、财物的得失密切相关，青少年在参与时往往要全力以赴，精神高度紧张，精力消耗极大。赢钱时情绪激动，兴奋异常；输钱时又心烦意乱，脾气暴躁。青少年都知道赌博是不好的行为，要受到家长和老师的指责，参与赌博活动经常提心吊胆，害怕被大人发现，背着沉重的精神负担，久而久之，还会引发神经系统和心脑血管系统的疾病，甚至危及生命。

青少年参与赌博往往是与自己的同学、伙伴一起，赌博者人人都想赢对方的钱，这样一种窃取朋友金钱的心理会造成人际关系紧张，友谊不再纯洁，披上了一层金钱的外衣，严重者还会引发家庭之间的矛盾。赌博会使青少年的心灵受污染、被腐蚀，把人与人之间的关系看成赤裸裸的金钱关系，产生错误的金钱观。小小年纪就一切以金钱为中心，言必称钱，行必为钱，成为金钱的奴隶，逐渐成为自私自利、见利忘义的人，道德品质随之下降，社会责任感、自尊心都会受到严重削弱。赌博心理是一种投机取巧的心态，如果偶然一次在赌博中赢了钱，还会强化不劳而获的心态，容易产生懒惰思想，从而不再用功学习，总梦想着突然成为富翁。

赌博还容易引发社会犯罪行为，从当众争吵、打架斗殴，到偷抢劫掠，扰乱社会治安等违法犯罪事件层出不穷。自古以来，吃喝嫖赌与偷抢拐骗就是孪生兄弟，相互影响，互为因果。赌博像瘟疫一样，一旦染上，极易上瘾，且往往不能自拔。一些嗜赌成性的人，最终的结果都是负债累累，变卖家产，甚至父子反目，夫妻分手。对于青少年来说，赌博尤其影响其身心的正常发育，影响他们的学业，最终会妨害他们的健康成长。赌博如果在校园中蔓延，后果不堪设想。

有些人认为，赌博既是一种娱乐，又能赢点儿钱"刺激"一下，没什么了不起的。其实不然。科学研究表明，嗜赌是人的一种病态，人一旦染上这种病，就会时常有不赌不舒服的感觉，必须参加赌博才行。从这一点儿来说，赌博与吸毒没有什么两样。

★ **赌博的动机**

常见的青少年赌博动机有如下几种。

好奇心。这往往是青少年开始赌博的动机。

寻求刺激。赌博对一些青少年来说，不仅是物质刺激，还是精神刺激，对青少年参赌者具有磁铁般的吸引力。

逃避和消遣的需要。有些青少年缺乏高尚的情趣，空闲时间无聊，或逃学出来，就可能参与赌博活动。

竞争心。争高低、图输赢是青少年赌博一次又一次继续下去的动机。

★ 帮助孩子戒除赌博恶习

第一，对嗜赌的孩子要有耐心，让其感受更多的关怀。家长在与孩子沟通的时候，尤其要注意言语，老是埋怨和恶语相向，可能导致孩子"破罐子破摔"，造成心理上的一错到底的念头。家长要用家庭的温暖融化赌博坚冰。特别是当孩子已经开始戒赌，开始正常生活，开始努力学习的时候，家长不要吝惜给予他们言语上的鼓励。

第二，引导孩子参加健康向上的娱乐活动。作为家长，应该教育和引导孩子积极参加健康向上的文化娱乐活动，通过多种形式丰富孩子的精神文化生活，使孩子在精神上得到充实和提高，比如参加社会公益活动，不取报酬地为一些弱势人群提供方便；还可以让孩子定期去看望孤儿院的小朋友们，给那些失去亲人的小朋友献出一份爱心等。家长要找机会和孩子沟通，使孩子懂得，个人的未来需要自己的辛勤劳动去创造，而不是靠赌能实现的；恰恰相反，赌博只能葬送孩子的学业甚至一生。

第三，增强孩子的意志力。在生活中，我们时常看到，青少年参赌者意志薄弱的缺点特别明显。即使在应当做作业、复习功课的情况下，或者是应该回家的时候，只要碰到同伙一招手、一鼓动，就忍不住了，什么都忘了，结果还是要去赌。

某初二学生对赌博的害处有了一定认识，在老师和家长的教育下，他写了保证书表示绝不再赌。有一次放学较早，他在街上一个角落看见几个少年正在赌扑克牌，他就站在背后看了起来，心想："我不去玩，看看不要紧吧！"看了一会儿，他觉得那个男孩不会打牌，好几张牌都打错了，心中可惜起来，嘴上不免嘀咕着："怎么搞的？"那男孩就站起来拍着他肩膀说："我是不行，你来玩玩吧！"另外几个人带着小看他

的眼光说:"你来又怎么样?谁怕谁呢?"这么一来真把他惹火了,他一坐下来就玩了几个小时。在回家的路上,他才后悔起来:"说不玩的,怎么又玩了呢?"

青少年戒赌,由于意志力方面的原因,不是一下子能轻易改掉的,通常会有反复。所以,家长要在平时的生活中注意锻炼孩子的意志力,帮助孩子戒除恶习。

7 警惕"黄毒"害了孩子

 情景模拟

妈妈:"你在看什么?"

孩子赶忙藏起书说:"没……没什么……"

妈妈:"给我看一下……"

孩子把书默默递过去。

妈妈:"你竟然看这种不要脸的书!说!哪儿来的!"

孩子:"从爸爸抽屉里拿的……"

妈妈:"啊?……"

 智慧点拨

"黄流"的泛滥,往往受害最深的是成长中的孩子,他们心灵被玷污、学业被荒废,有的甚至自毁前程……

自从人类社会出现媒体以来,色情黄毒便伴随它传播。从黄色书刊到淫秽录像,屡禁不止。如今随着科学的发展,借助网络媒体传播的黄毒,比起传统媒体更有不可阻挡之势。网上的色情内容,兼有读取便捷、随手拈来、不留痕迹的方便,也就更为隐蔽、更加难以控制。除了网络以外,手机也是"黄毒"的重要传播媒介。

孩子的考试结束了,为了鼓励孩子,母亲给孩子买了一部手机,这也是在考试之前就应允她的。拿着小巧玲珑的手机,孩子爱不释手。见孩子高兴,做母亲的当然也高兴。

渐渐地,母亲又犯愁了。孩子整天拿着那新手机,机不离手,"哪里有那么多的电话!"

孩子回答母亲说:"这不是电话,这是短信,真是老土。"

母亲不解地询问:"谁给你发那么多的短信,怎么没完没了?"

孩子神秘地朝母亲笑笑,还做了一个鬼脸。母亲感到很茫然!

到了单位,母亲求助于"万事通"老王,殊不知老王触电似的蹿了起来,责怪做母亲的不该给孩子买什么手机。母亲奇怪地问个究竟——买手机怎么了?老王狠狠地呵责母亲:"你知不知道,现在许多网站将各类黄色短信、色情声讯往孩子们的手机里发送。这些黄色短信内容淫秽色情,就是成年人看了也觉得下流不堪。更不要说孩子了。"老王告诉她,他居住的小区里一个16岁的少年沉溺于黄色短信,整天想入非非,竟然把隔壁一个5岁的幼女奸污了。事后被学校开除学籍,被公安机关依法管教。老王还说:"这些声讯台专门开设'性趣话题'、'我愿意听你说'等人工聊天服务,并以此为诱饵,吸引一些学生电话聊天,还故意以淫秽的语言挑逗青少年,使深陷其中的青少年难以自拔。"

这位母亲这才开始后怕,从此开始关注手机里的"黄毒",也开始了解关于"黄色短信"的点点滴滴。

事实上,并不是每一个处于青春期的少男少女都会对黄色读物或色情资料产生强烈兴趣,也并不是每一个看过黄色读物或淫秽录像的人都会导致性罪错,关键在于他是否有"底气"抵挡诱惑。这种"底气"就是他的道德意识、情趣爱好和人生追求,它的基础主要是家庭教育的长期积累。

如何帮助孩子筑起道德防线?家长可从以下几个方面入手。

★ 培养孩子健康的兴趣爱好

一般地讲,一个痴迷于科技发明,或热衷于体育竞技,或醉心于书画艺术的青少年,不太会对黄色读物产生兴趣。正当的兴趣爱好可以使青少年在繁忙的学习之余得到精神调剂。满足青少年发现自我、肯定自我的心理需求,不至于使青少年为填补心灵空虚而误食黄毒。

★ 让孩子通过正规渠道获得科学的性知识

懂得"性",获得科学的性知识,不仅是青少年的正当权利,也是促进青少年健康成长的必要保证。科学的性知识，可以使孩子理智地对待身心变化，善于控制自己的情绪，做自己身体的"主人"。

★ 和孩子沟通，培养孩子高尚的爱情观

苏霍姆林斯基说："与其给学生们讲那些性生理知识，不如让他们多听体现人类最美好情感的关于爱的音乐和普希金的诗歌。"进入青春期的少男少女已经对异性有爱的萌动，这个时期，家长要多和孩子沟通，比如和孩子一起阅读《马克思与燕妮》、《简·爱》、《罗密欧与朱丽叶》等，在读书的过程中，和孩子一起讨论高尚的爱情。当性的需求升华为人类美妙的情感的时候，人就不会被性的本能所驱使，就会蔑视和厌恶那种类似动物本能的色情描写。

★ 给孩子纯净的成长环境

这几年，在青少年违法犯罪中，"性罪错"占了相当大的比例。一般认为，犯性罪错的青少年的精神空虚，情趣低下，对性的兴趣强烈，追求性刺激和物质享受。专项调查表明，绝大多数青少年犯性罪错是自发、冲动引起的，他们接受性信息的渠道是多方面的、复杂的，既有非法的、秘密的，又有合法的、公开的，既有直接的污染，又有间接的影响。当他们长期受到大众传播媒介等多种性信息刺激，就会产生不良的性信息效应。意志薄弱的青少年，外界的性信息会激发其内部的生理反应，进而形成性冲动或性需要，一旦强烈的性追求占据个体的主导地位，就会导致性罪错的发生。

遗憾的是，在这众多"性信息"的诱因中，家庭中所发生的竟占据了相当大的份额。家庭内藏有的黄色录像带、碟片和不健康的书刊杂志，很有可能会成为青少年感染"黄毒"的祸源。

处于花季的少男少女正值"心理危险期"，由于其自我克制能力弱，特别是处于朦胧的性意识阶段，不健康的书刊音像制品容易侵蚀他们幼小的心灵。所以，家长要洁身自好，不要在家中放置一些成人书籍及用品，而要给孩子一个纯净的成长环境。

九、特殊家庭更需要沟通

单亲家庭的孩子；离异家庭的孩子；长期住校或寄养别处，与父母缺乏沟通的孩子……对于这些特殊家庭的孩子，时间不会因为他们坎坷的经历而停下脚步。这些孩子更需要亲人的悉心关怀，更需要理解与支持。

1 如何与孩子谈离婚

情景模拟

妈妈："儿子,来,坐下,妈妈今天要和你谈谈。"

孩子："什么事儿?"

妈妈："我和你爸爸离婚了……"

孩子："是已经离婚了,还是准备离婚?"

妈妈："已经离婚了。"

孩子："已经离婚了?呵!你们有没有尊重过我?有没有想过我的感受?"

妈妈："我们……"

孩子："你们太不尊重我了!"

智慧点拨

我们知道,破裂的婚姻对孩子的影响是巨大的:它夺走了孩子们应有的快乐时光。如何做才能把这种伤害降低到最低限度呢?

一天,刘芳带着女儿彤彤来到了姐姐刘丽家,满脸的忧愁,姐姐刘丽问她怎么了?刘芳说:"我和丈夫正办理离婚手续。"

刘丽惊讶地问:"怎么回事?"

刘芳平静地说:"他又在外面找了个女人,虽然我很气愤,但我已平静地接受了这一现实。我现在愁的是,我不知道该怎样向彤彤解释这件事。彤彤和她爸爸关系也很好,我不能想象她父亲离开后她会怎样的不解、伤心。我看过青春期孩子心理方面的书,知道父母离婚后往往会给孩子造成巨大的心理伤害。现在,彤彤好像也有点察觉我们之间的事了,她老是欲言又止,想说些什么。可是我该怎样把我与丈夫离婚的事给她说明白,又不让她受到太大的伤害呢?"

刘芳所担心的也许是许多家长离婚前后考虑最多的事了。

许多孩子,在父母离婚之前就预感到会有离婚的结局,但一旦这一天到来,孩子还是感到困惑,甚至无所适从。他们会充满疑虑:"爸爸妈妈为什么要分开?""离婚是否和我有关?""他们分开了,还会像从前那样爱我吗?""我还能经常见到爸爸(或妈妈)吗?"如果他们的疑虑得不到消除,随之而来的是强烈的不安全感,害怕自己被父母抛弃,并由此产生怨恨。那么如何将离婚的事告诉孩子呢?如何面对孩子困惑的眼光呢?

★ 向孩子理性的解释离婚的原因

孩子一定会对父母之间的变化感到困惑不已,而这些变化又没有人为他们做出及时的解释,他们会感到特别的焦虑不安!所以,父母必须做的第一件事就是告诉孩子事情的真相。当然,这不包括每个令人气愤和伤心的细节。最好是由父母双方一起坐下来,告诉孩子真相,当父母向孩子保证亲子之情也不受影响时,孩子会比较容易相信父母所说的话。

和孩子谈论此事时,父母必须显得非常镇定。挑选一个自己有能力处理,且心态稳定平和的时间。最好在离婚之前就告知孩子,否则孩子会从别的地方听到消息。如果孩子是从同学那儿知道真相,而同学是从他们的父母听来的,他们的父母又是从另外哪里听来的,这是多么被动的事?

★ 强调离婚不是孩子的过错

孩子们总是会把父母离婚归咎在自己的身上:"如果我表现得好一点,爸爸仍然会爱我,并且和我们住在一起。"这时,父母务必要努力使孩子排除这种自我折磨的想法,即使孩子没有说出来,家长也要主动提起,因为所有孩子都会朝这方面想的。

父母可以这样问他:"你是不是觉得父母离婚是因为你不够努力,或做了什么不好的事情吗?"也可以这样说:"离婚是发生在成年人之间的

事，和你是没有关系的。"总之，要让孩子知道，他们对这些事情不需要负任何责任，他们也无能为力。

★ 教孩子回答别人的"说三道四"

父母离婚后，孩子在和其他人的交往中，常常不得不对付一些有关这方面的询问。孩子由于没有一定的心理准备而往往不知所措。他们或支支吾吾而感到难堪，或者胡乱编造一番。

如果这样的话，家长一定要鼓励孩子来告诉自己。不管他们说了什么，家长都要问孩子别人是怎样说的，这样才能帮助孩子准备答案，教会孩子应付各种有关的询问，保护孩子的自信心。可以教孩子这样说："我爸妈快要离婚了，他们因为处不好，所以不想当一家人了，他们将不住在同一房子里。但是我爸爸仍然是我爸爸，我妈妈还是我妈妈。谢谢你对我的关心。"要让孩子说得不卑不亢，不羞不恼。

★ 如何提到孩子的父亲（母亲）

当离异后的一方和孩子提到他父亲（母亲）时要相当小心，很重要的一点是，不要给孩子这样的观念——"你的父亲（母亲）很坏，或是你应该恨他（她）"。他（她）终究是孩子的爸爸（妈妈）——而且是永远唯一的爸爸（妈妈）。孩子一半来自于父亲，一半来自于母亲，如果他的父亲（母亲）一无是处，他能有自信的心态吗？家长不应教育孩子去仇恨、贬低他人——这里面更不应包括她信赖的、亲近的、自豪的父亲（母亲）。家长可以这样对孩子说："他（她）仍然是你的父亲（母亲），他（她）仍然爱着你。他（她）是值得你尊敬的，也值得你去爱的。"

这里有两点需要家长注意：一是当家长在与别人交流时，要确定不让孩子听到自己向别人批评他的父亲或母亲（比如在电话中），有时孩子会偷听家长的谈话；二是不要在任何场合和对方相互攻击，父母要明白彼此保持尊严的重要性——为了孩子，也为了自己。

离婚是大人之间的事，孩子是无辜的。所以，当一个家庭不得不面对离婚的现实时，无论如何，家长要静下心来，平和地告诉孩子所发生的事，让孩子平静地接受这一切，勇敢地面对生活。

单亲家庭的孩子更需要沟通

 情景模拟

妈妈:"小鹏叫你去参加生日宴会,你怎么不去?"

孩子:"我们最近不怎么联络了。"

妈妈:"怎么回事,你们以前不是挺要好的吗?"

孩子:"他就算叫我了我也不愿意去。"

妈妈:"为什么?"

孩子:"不爱往人多的地方去……"

妈妈:"你怎么变得不合群了?是不是因为我和爸爸离婚的事,让你……"

孩子:"没有,不要谈这个了。我去图书馆了!"

 智慧点拨

随着社会的日益开放、文明、进步,单亲家庭的孩子也越来越多。父母离异后,有的孩子由父母一方领着生活,有的孩子在意外中失去了爸爸或者妈妈……父母要加倍关注单亲孩子的心理世界,并采取合适的教育手段。

★ 单亲孩子的特殊心理现象

单亲孩子有哪些特殊的心理现象呢?单亲家庭的学生或因享受不到充分的家庭温暖,或因社会的某种偏见,或因其家庭的经济原因以及其它因素,往往会表现出下面一些不健康的心理现象及行为特征。

第一,自卑型。父母是孩子们心目中的骄傲,特别是父亲,在男孩心中,是百事通,是万能者,是世上最了不起的人。孩子们在一起都会夸自己的父亲如何有知识、如何有智慧，甚至如何有钱。生长在一个没有父亲或母亲的家庭里，孩子就自然没有这份优越感，自卑感便油然而生。伙伴间闹别扭时，孩子更容易觉得自己如此势单力薄。但是他们的内心却在想："我要有父母在身边，我才不怕你呢！"

这类自卑感强的孩子表现为沉默寡言，他们从不谈起甚至回避双亲的事，对任何人（包括老师）都保守着这个秘密。他们填表则隐瞒家庭情况，经济有困难不会申请补助。有的铆着劲要改变环境，但又由于自卑，不能使自己的理想协调发展。自卑的心理影响了他们想象力与创造力的发挥，属不健康的心理现象。

第二，孤独型。单亲孩子，特别是随父亲或住在重组家庭里的孩子，由于父亲的粗心或与继父母之间的隔阂，他们的亲情交流受到限制，觉得自己在家庭中是多余的人，自然而然就产生孤独感，行为上表现出离群，不大方，没有多少人与他交往。

第三，渺茫型。每人都有自己的自尊与自信，只有在正确引导下，才能树立信心，确立生活的目标。然而，有的单亲孩子由于缺乏足够的家庭引导，不能树立正确的人生观，不能设计美好的生活蓝图；有的甚至本有美好的理想之花，但因家庭的破裂没有及时培育这朵花，导致没有结出甜美的果。生活丰富多彩，但也，五花八门，没有良好家庭熏陶的孩子，应去追求什么，选择什么，他们多会感到渺茫，或者有的压根儿就没有思索过这些问题，生活中没有明确的方向。

女生甲，由于父母离异，和外祖母生活在一起。外祖母心疼这孤苦伶仃的外孙女，很少使用批评词汇，造成了外孙女的固执己见，事事以自我为中心。作为老一辈工人的外祖母，想关心外孙女的学习却无能为力，常常是被外孙女哄得没奈何。孩子胸无大志，行无目的，不思学习，贪图享受，羡慕豪华生活，盲目崇拜影视明星。外祖母有时也劝她，得到的回答是："你不要对我抱什么希望，反正父母也不管我，读书考学校，那对我太渺茫。"

第四，独尊型。这类孩子有的由于缺少管教，有的由于亲情的隔阂

不接受继父母的管教，或继父母不便于管得太严，从小就养成了"上不服天，下不服地"的唯我独尊的心理特点，事事处处以自我为中心，心目中没有父母，没有同学，没有老师，没有他人。有的孩子不但不叫继父母，就连自己的父母也不叫。这类孩子行为上表现出为自私自利，不关心集体，不参加公益活动，不遵守校规班纪。

第五，逆反型。单亲孩子有的会受到同学的歧视，慢慢地会对父母，对家庭产生一种厌恶感。有的因为家里突然增加了第三者，言行受到约束，如果继父母对自己存在偏心，则会产生更大的逆反心理。有时不愿跟父母说话，父母好言相劝，他故意说父母是错的。总之，一味要对着干，以此来报复。更可怕的是这种对家长的逆反发展到对老师、对同学、对社会的逆反，从而产生破坏性。

★ 帮单亲家庭的孩子走出困境

单亲家庭孩子的特殊心理特征，不完全由家庭引起，但父母离异，放松管教而对孩子造成的负面影响绝不可低估，家长应对这些"感情特困户"重点扶贫，采取有效方法，对症下药，使他们早日走出困境。

第一，多种渠道协同合作。对于自卑的孩子，家长要采取学校、家庭、社会"联网"的方式，多渠道协同合作，帮助单亲孩子走出不良心理的阴影。首先，家长可以和老师多交谈，把孩子的心理特点告诉老师，以减轻老师的工作难度，让老师在学校里多关心孩子；其次，家长在家里也要做好孩子的心理疏导工作；最后，可以让孩子感受一下社会的爱心，比如让孩子多参加一点社会活动，使其体会到，单亲孩子和其他孩子的待遇是一样的，并没有人戴着有色眼镜来看自己，让单亲孩子甩掉自卑的包袱，使其身心得到协调发展。

第二，促其树立正确的人生观。对于渺茫型的孩子，家长要对他们进行正确的人生观、价值观、世界观和六个"学会"（学会学习、学会思考、学会创造、学会生活、学会关心、学会自我教育）的教育，家长可采用"学习小组"的形式，帮助孩子找几个和他比较要好的孩子，组成"团队"，一起学习功课、玩耍，增加孩子的自信心。这样既可明确人生目标，又可逐步消除孤独感。另外要引导孩子多看人文科学和自然科学

的书籍以及影视片,以激发他们自我教育的积极性。家长要引导他们正确评价客观事物,讨论文学作品,认识自我形象。提高自我评价的能力,通过外部因素和自我调节使他们尽快走出渺茫的境地。

第三,创造活动的环境。家长要研究孤独型孩子的心理特点,掌握他们行为的规律,对症医治。单亲孩子一般来说,无法享受跟双亲家庭孩子同样多的亲情,家长要主动地接近他们,给他们双倍的爱,绝对禁止恶言训斥,多做个别交流,做他们的知心朋友,特别是在一些家庭活动中,使他们真正觉得自己还是爸爸(妈妈)心里的宝贝。家长要有计划地组织一些家庭活动,让单亲孩子置身于集体活动之中,通过孩子之间的相互影响,消除他们的孤独感。

第四,辅助以家规。对独尊型、逆反型的孩子,家长首先更应耐心、细致而又严格地要求,同时还应辅以一些家规和法制教育,使之不做出格的事情,有了违纪行为决不能迁就,耐心的思想教育与严肃的家规处分相结合有时可能会得到满意的效果。

研究单亲孩子的心理特点并实施正确的教育手段是单亲家长的重要任务,要坚持以正面鼓励为主。每个孩子都会有自身的闪光点,家长要善于捕捉,发现这类孩子有了心理、行为方面的进步时要及时地给予表扬,增强其自信的砝码,使他们的生理、心理、成绩真正健康协调地发展。

3 当更年期"撞上"青春期

情景模拟

妈妈:"你过来,这次考试怎么样?"

孩子:"一般水平,正常发挥,给你看试卷吧!"

妈妈:"你对自己要求怎么能这么低呢?这样你就满足了吗?你看看,有几道题根本不应该错。"

孩子:"上次不是你说的吗,关键是稳定,只要每次考试发挥正常水平就好了……"

妈妈:"我……我上次是这样说的,可是你也不能不求进步啊……"

孩子:"你……到底我怎么做才对啊……更年期……"

智慧点拨

人的一生中有两个不可逾越的重大变化时期,一个是青春期(11~18岁),一个是更年期(45~55岁)。在由少年向成年过渡的青春期,伴随着生理、心理的巨大变化。他们从对父母的依赖中恍然"醒悟",从而走向独立、自由、平等;同时他们又是茫然的,孤独、忧虑、脆弱和易变。而在孩子处于青春期的时候,不少父母正处于由壮年向老年过渡的更年期,伴随各种生理激素和功能的衰退,精神和情感进入了人生的第二个多事之秋,失落、孤独、固执、寂寞、焦虑、多疑甚至恐惧也不期而遇,真是"冤家路窄",人生的两大"薄冰期"又恰恰在大多数家庭里狭路相逢。

两代人同时处于生理、心理、情感、情绪大波动期,都同样需要理解、呵护和关爱。这样的两代人挤在同一个屋檐下,所有的矛盾、对抗和冲突都那么集中地聚集在一起，一触即发。

　　青春期孩子眼中的更年期父母由原来的偶像和英雄变成了上下都不顺眼的"暴君"、"唠叨婆"、"老土"、"多疑的警察"、"闲事妈"，甚而是"可恨的自私鬼"……而更年期父母眼中的青春期孩子也由原来的那个活泼可爱，听话的好孩子变成了"浑身带刺的反叛者"、"早恋者"、"冒失鬼"、"疏远父母的负义郎"、硬了翅膀的"管不了"，不专心学习的"二溜子"……各种帽子一股脑儿地扣在了对方的头上。于是，唇枪舌剑、楚河汉界各不相让，或是沉默冷战、退避三舍，相互抱怨之声此起彼伏，好端端的亲子关系渐渐变得仇人般满腹怨气。

　　王小芬正在读初中二年级，谈起自己的母亲，她表现出一脸的困惑和无奈。她说："我母亲以前脾气挺好的，可现在她变了，母亲的脸色就如同四月间的天气一样难以捉摸，阴晴不定，狂风暴雨没准会随时袭来。"同样是对待考试成绩不理想的情况，如果赶上母亲情绪好时，会和颜悦色，鼓励声不断；但赶上母亲心情很糟时，她就倒大霉了。所以小芬经常对自己的同学说："我妈准是更年期到了，我真害怕回家见到她。"

　　如此局面的产生，除了各自生理、心理巨变的原因外，还有两代人对社会生活不同的感悟与价值观的冲突。生活方式的巨大差异将老少两代或深或浅地分隔开，青春期的孩子们在孤独痛苦中渴望独立、自由、理解；更年期的父母们在困惑和失落中渴望孩子们的理解和与支持！

★ 更年期父母要调整自身的状态

　　怎样才能跨过各自的隔离带，主动敞开心扉，与对方更好的沟通呢？首先，父母要调整自身的身心状态。

　　第一，保持乐观向上的开朗心态。花开花谢自有期，新陈代谢是不以人的意志为转移的客观规律。随着年龄的增长，青春年少者将经历为人妻（夫）、为人母（父）、为人祖母（祖父）的各个阶段，更年期的情绪波动也就不期而至了。这时，家长要尽量保持乐观的情绪，开朗的性格，对生活和周围环境的变化少一些抱怨。另外，家长需要知道的是，更年期的情绪波动和身体症状都是暂时性的功能紊乱，大多数更年期的症状可以自然缓解，是可以安然度过的。

第二，注意疏导和转移压抑的情绪。出现更年期的种种变化后，家长要注意调节自己的情绪，比如多参加合唱团唱歌、跳舞、旅游等集体活动，分散和转移自己的注意力，避免独自一人在个人的情绪圈里出不来，压力越来越大，情绪越来越坏。不妨替自己找些有新鲜感的事情来做，如参加义务工作等，使生活更加充实。

第三，坚持动静结合的生活方式。家长在工作之余，看电视、读书、阅报是少不了的，但也要多抽些时间进行户外活动，如散步、跑步、做体操、登山、游泳等，以松弛神经，有效地舒缓身体，这样才能保持良好的心态，减轻更年期时隐时现、时轻时重的症状。

同时，对更年期出现的特别明显的生理和心理异常反应，自我调节效果不明显时，就要及时就医，在医生指导下，进行调整。否则，郁闷不乐，疑心重重，可能会降低自身的免疫力，影响身心健康，更影响与孩子之间的亲子关系。

★ 掌握与青春期孩子沟通的技巧

更年期父母和青春期孩子沟通是要讲究技巧的。

第一，把孩子当朋友。进入更年期的家长往往情绪不稳定，对子女心烦、话多。尽管从主观意识上看，的确是为子女着想，但在潜意识里，不少家长是为了满足自己的年龄带来的"你听我说"的需要。加之这个时期的孩子处在自认为已经成熟的时期，极力想摆脱束缚。因此，家长发现：孩子开始和自己对着干了。其实，更年期家长与青春期孩子的沟通并不是那么难，家长只要把孩子当成自己的朋友来交谈，掌握平等、客观、尊重的原则，用自己的行动、语言，让孩子知道，"你是我的朋友，我们是在互相交谈"，如果孩子感到自己被尊重、被当成朋友，那么沟通就不存在问题了。

第二，不急不躁，激起孩子的沟通欲望。

李女士进入更年期后，变得多疑、暴躁，喜欢唠叨。可孩子又偏偏面临关键的中考，让李女士放心不下，以前不怎么和孩子交流的她

现在经常为了学习的事情和孩子争执。

"我就是想问问儿子的学习情况、考试成绩,可他的态度太恶劣了,你说往东,他偏要往西。"李女士生气地说。

上了初三,李女士开始每天接送儿子上学,为了让孩子学习成绩能提高,她还给孩子请了好几门家教。光是家教费一个月就花不少钱,可孩子不领情,让李女士感到很伤心,一沟通,母子间又爆发一场大战。

无奈,李女士只好向儿子低头道歉,在她看来,这已经是很大的让步了。结果没想到适得其反,李女士不仅没有和儿子建立起信任和良好的沟通,反而让儿子觉得母亲的道歉只是为了让自己听话,他变得更加不愿和母亲沟通了。

像李女士这样的情况不在少数,家长在与孩子沟通时一定要保持冷静,不要急躁,尤其是处于更年期的家长面对青春期的孩子更要冷静,不要过分关注孩子的学习。案例中的李女士,平时和孩子之间的情感基础没建立好,急于在中考前"恶补"是不明智的。向孩子道歉,反而容易让孩子觉得家长在耍花招儿。对于叛逆的孩子,家长要反其道而行之,想和孩子沟通,可以尝试不要理他,让孩子产生"我妈以前对我很关心,现在怎么不管我了"的疑问,激起孩子的沟通欲望。

更年期是人生旅途中必经的一站,就如运行中列车的一次急转弯,发生点颠簸,暂时失去点平衡是不足为奇的,没有必要特别担心,只要在心理上做好充分的准备,做好心理调节,就能顺利地度过更年期,并妥善处理与孩子的关系。

4 寄宿、寄养不能让爱止步

 情景模拟

妈妈:"回来啦!"

孩子:"嗯!"

妈妈:"一个星期才回来一次,怎么对妈妈这么冷淡,也不和妈妈聊聊天……"

孩子:"没有啊,不然你想聊什么就聊吧!"

妈妈:"生活怎么样?"

孩子:"还成!"

妈妈:"学习怎么样?"

孩子:"挺顺利!"

妈妈:"哦……那没什么了,准备吃饭吧!"

孩子:"嗯。"

 智慧点拨

现在,有很多孩子到了初、高中就寄宿在学校,或者寄养在离学校近的亲戚家,因为许多父母主观地认为,寄宿可以让孩子更好地学习,于是就做了让孩子寄宿的决定。殊不知,培育孩子不仅仅是让孩子的学习成绩有所提高,这里面包含的内容很多,例如亲子的沟通、孩子良好习惯的培养和健康人格的形成等,尤其是在孩子青春期这一成长阶段,父母不可缺位。

孩子寄宿对于孩子个人的成长和家庭的亲子关系是有一些负面影响的。

★ 寄宿后，家长与孩子的沟通时间明显减少

据一项对寄宿制与全日制家庭亲子教育优劣的调研分析，77%的寄宿制孩子每周和父母交流时间仅为1至2个小时，而超过83%的全日制孩子可有多达5小时以上的亲密交流时间。那么，在短暂的交流时间里，家长对这些每周只回家两天的孩子说些什么呢？

林青的妈妈：我们工作很忙，想着孩子就读寄宿制学校可以培养她独立、自理的能力，也可以让我们少操心，于是在孩子上初中的时候就把她送入寄宿制学校。平时她回来的时候，问得最多的就是生活上的事情了。

林青的爸爸：我平时少有时间对孩子进行教育，更不谈对她的学业进行指导，所以就把林青送进了寄宿学校。周六周日，孩子回来，说实话，我也不知道和她说些什么，只能问问学习怎么样，有没有困难等的"老三样"。

林青（初二女生）：我初一开始在校住读，虽然现在已经适应了这种生活，但是也有一些苦恼。比如说我觉得自己不会与同学和室友相处、与父母有点疏远了。我非常不喜欢一回到家，父母就问我的学习情况，毕竟一个星期没见面了。

我认为爸妈的思想比较保守，有时候和他们讲一些流行的东西，他们不理解，还认为是在浪费学习时间，所以我不会把全部想法都告诉他们。因为我在家的时间少，他们对我生活上的关心多，在学习上的关心也很多，可是我不喜欢家长过多地过问我的事情。

孩子虽然在外寄宿，但是父母的爱不能止步，这种爱绝对不是过问一下生活、学习就可以了。寄宿，让家长和孩子的沟通时间明显减少，感情自然也会淡很多。

★ 寄宿后，家长不易及时发现孩子的心理感受

集体生活对培养孩子的独立生活能力、交往能力确实有好处。但另一方面，由于孩子离开父母之后，缺少了经常进行心理交流和心理倾诉的对象、场所，在与同学交往的过程中，难免会碰到一些问题，产生一

些矛盾，可是家长却不能够及时发现孩子的心理感受，结果可能导致孩子遭受比较大的挫折。

14岁的女生小可，本应是初二的学生，现在却因不适应寄宿生活而休学在家。

小可上小学的时候成绩很好，小升初时，还考入了当地最好的寄宿制初中。不过，本来在小学成绩优异的她，升初中后却由于各种原因变得成绩平平，得不到老师的认可和关注，小可开始厌学。

小可很郁闷，可是她又不愿意每天通过电话向爸爸妈妈诉苦，让爸爸妈妈担心，只是自己在心里憋着，久而久之，她甚至总觉得自己身体不适，生了严重的病。家长把小可接回家到医院看病，却查不出任何疾病，只好让小可在家休息一段时间后再送回学校。如此反复，小可耽误了很多课程，成绩一落千丈，也就更无心学习。

青春期的孩子心理都会有很多的变化，特别是表现在情绪上的变化，这需要家长的细心观察和调整，如果得不到及时调整，可能就会影响其日常行为。

寄宿孩子的家长更要关爱孩子，不能以工作忙为推托，更不要走进孩子既然寄宿，教育就该由学校负责的误区，毕竟学校教育代替不了家庭教育。家长要积极与孩子交流、倾听他们的心声、接纳孩子的意见，尝试从孩子的立场来了解他们，与孩子产生同样的感受和体验，这是促进亲子沟通的良方。

关于孩子的寄宿问题，家长还有下面几个方面需要注意。

★ 高中生比初中生适合住校

相比高中生，初中生的自理能力和自制能力比较差，适应寄宿生活的过程中常会出现困难和心理问题。而且，初中生正处在青春期这样一个挣扎矛盾的叛逆期，他们迫切需要确定自己的社会角色，需要伙伴交往，但他们还不能独立判断谁是有益的伙伴。虽然家长每周可以见一次孩子，但此时是积聚一周的爱爆发的时候，家长疏忽了对孩子社会交往和人格养成的教育和指导，加上家长与学校的联系较少，单纯从孩子的

口中很难了解孩子在学校的生活和社交的全貌。

读高中的孩子心智比较成熟,具备了分辨是非的能力,加之受到高考压力的约束,可以将生活的重心放到学习上,在一定程度上讲,寄宿还有利于孩子成绩的提高。

有些孩子性格开朗、包容性强、乐于助人,一般可以很快适应寄宿生活,并有利于他们的成长;有些学生习惯得到父母的关注,自理、交往能力差,不太适合寄宿生活。

★ 孩子住校,家长不能大撒把

家长在孩子教育中担当着不能替代的角色,家长不能将教育孩子的责任完全推给学校。离开家的孩子更容易犯错,家长要以一颗宽容的心对待孩子,孩子才可能愿意将自己的事情告诉家长,毕竟,从孩子的口中了解孩子的世界,是家长了解孩子最重要甚至是唯一的渠道。另外,家长要学会自我反省,从自己身上找出教育孩子方面的缺失和错误。

★ 被动接受的孩子容易出问题

学校环境跟家庭环境不同,对孩子来说,从家庭到学校的转变需要一个慢慢适应的过程。家长跟老师的身份不同,在孩子眼里,老师是陌生的,孩子常常会因此而缺乏安全感,甚至会产生恐惧。

有些家庭的家教很严,孩子只能被动接受家长的安排,这样孩子内心的真实需求就被压抑了,孩子易因为接受不了现实环境而产生心理问题。

作为家长,在将孩子送到学校寄宿前,应该跟孩子沟通,解释寄宿的原因,让孩子在心理上做好准备,并在精神上支持和鼓励孩子。至于什么时间送孩子到学校寄宿比较合适,要看孩子的性格、自理能力等各个方面,不能强制。

★ 不妨将住校当做成长的磨炼

所有的孩子在进入寄宿制学校之初都会不适应,有的学生在原来的学校是出类拔萃的,但升入初中或高中后,新的班级有更多成绩优异的学生,他们会产生巨大的心理落差,这种落差是很多成年人都难以承受的。然而，在寄宿制学校里，这类学生常常被老师忽视，学校和家长应该特别关注这样的孩子，帮助他们走出"低谷"。

对于即将要去住校的孩子，家长首先要帮助其做好充分的心理准备，以积极的心态面对困难和挑战，将住校看做是成长的考验和磨炼；要鼓励孩子和老师、同学建立良好的人际关系，这样在遇到困难和烦心事时，可以找到倾诉的对象；让孩子不要害怕老师，老师作为长辈，可以给孩子正确的指导；在与同学的相处过程中，家长要教育孩子用一颗包容的心去体谅、理解他人，只有这样他自己也才能被他人理解。

九、特殊家庭更需要沟通